BETTY EBNER

Die Welle deiner Emotionen

Verstehe dein Nervensystem und lerne, deine Gefühle zu regulieren – für mehr innere Ruhe und emotionale Stabilität

YUNA

Für E. und alle Generationen nach dir

Inhalt

DIE WELLE DEINER EMOTIONEN 11

Reguliere dein Nervensystem und führe endlich ein Leben in innerer Balance und Ruhe 11

Playlist zum Buch 13

Wie du dieses Buch lesen darfst 14

KAPITEL 1

DIE EINLADUNG DES MEERES.................. 17

Mein erster Blick auf das Meer meiner Emotionen 17

Spannende Sidefacts 32

Dein neuer Weg: Auf ins Meer 32

KAPITEL 2

DIE ENTSCHEIDUNG ZUR REISE! 37

Wir buchen die Reise – die bewusste Entscheidung für emotionale Tiefe und Selbstwahrnehmung 37

Spannende Sidefacts 44

KAPITEL 3

DIE ANKUNFT AM STRAND! 51

Erste Verbindung zu Emotionen 51

Spannende Sidefacts: Dein Körper spricht zuerst 60

KAPITEL 4

DER ERSTE KONTAKT MIT DEM WASSER 67

Gefühle zulassen 67

Spannende Sidefacts 81

KAPITEL 5
DAS KALTE WASSER AUS
HILFLOSIGKEIT UND WUT 85

Hilflosigkeit, Wut, Trauer, Grenzen,
Stresstoleranzfenster 85

Spannende Sidefacts 89

KAPITEL 6
DER SOG IN DIE TIEFE –
ALTE MUSTER ZEIGEN SICH 95

Entwicklungstrauma, psychologische
Abwehrmechanismen, Innere-Kind-Anteile 95

Spannende Sidefacts 108

KAPITEL 7
DIE WELLE REITEN –
NEUE WEGE DEINER REGULATION 113

Körper regulieren, bottom-up, Regulation,
neue Handlungsmöglichkeiten 113

Warum du dich nicht »runterdenken« kannst –
und was dein Körper wirklich braucht 115

Regulation statt nur denken – wie du deinem
Körper Sicherheit gibst 116

Wenn alte Wunden heute noch schmerzen –
Verlustangst verstehen und im Körper begleiten 118

Spannende Sidefacts 120

KAPITEL 8
DIE STILLE NACH DEM STURM – INTEGRATION .127

Selbstbeobachtung –
der erste Schritt zur Veränderung 128
Mit Mitgefühl sehen, nicht mit Härte 129
Die Wahrheit befreit 130
Streitkultur – Emotionen in Beziehung bringen 131
Kommunikation als Spiegel der inneren Arbeit 132
Unsere inneren
Kommunikationsmuster verstehen 134
Sicherheit als Grundlage für Verbindung 143
Spannende Sidefacts 145

KAPITEL 9
DAS MEER GEHÖRT DIR –
DIE NEUE BEZIEHUNG ZU DIR SELBST 151

Ein Moment der Selbstbegegnung 151

KAPITEL 10
STÜRME UND STRÖMUNGEN. 163

Trigger – mehr als nur ein Modewort 165
Kein perfektes Verhalten nötig 167
Zykluswissen und Nervensystemregulation 171
Trigger und Körpergedächtnis 172
Spannende Sidefacts 174

KAPITEL 11
LAND IN SICHT!. 179

Kein dramatischer Wendepunkt –
viele kleine Erfolge 179
Spannende Einblicke zur Resilienz 190

KAPITEL 12
VOM MEER INS LEBEN –
SICHERHEIT IM ALLTAG PFLEGEN 195

Dinge, die dein Nervensystem mag 195
Dinge, die dein Nervensystem nicht mag 202
Dein Kartenset als Begleiter im Alltag 207

EPILOG 214

DANKSAGUNG 216

STUDIEN UND QUELLEN 218

ÜBER DIE AUTORIN 219

IMPRESSUM 223

Die Welle deiner Emotionen

REGULIERE DEIN NERVENSYSTEM UND FÜHRE ENDLICH EIN LEBEN IN INNERER BALANCE UND RUHE

Lass mich dich etwas fragen: Was hast du heute Morgen gefühlt, als du in den Spiegel geschaut hast? Wann war das letzte Mal, als du wirklich gespürt hast, wie es dir geht – in deinem Körper, in deinen Gedanken, in deinem Inneren? Vielleicht fällt dir auf, dass du dich heute noch gar nicht bewusst wahrgenommen hast. Dass du kein Kontakt zu deinen Gefühlen hast, noch keinen Blick nach innen geworfen hast.

Was wäre, wenn sich das ab heute ändert? Was wäre, wenn dieses Buch für dich der Beginn einer Reise wäre? Einer Reise zu dir selbst und zu einem Leben, in dem du deine Emotionen nicht fürchtest, sondern sie zu deinen Verbündeten machst?

Dieses Buch ist wie eine Reise ans Meer. Und vielleicht kennst du das ja: Du entscheidest dich zum allerersten Mal, ans Meer zu fahren. Weil du gehört hast, dass es dort wunderschön sein soll, und weil du unbedingt die Freiheit und Leichtigkeit spüren möchtest, von der immer alle sprechen. Du packst deine Koffer und fährst zum Meer und als du ankommst, siehst du, dass es wirklich so schön ist, wie alle sagen.

Du bist beeindruckt und möchtest unbedingt ins Meer hineinspringen. Du möchtest es spüren, möchtest darin baden. Also ziehst du dir deine Badesachen an und gehst hinein – und auch da denkst du dir noch, wie schön es ist, im Meer zu sein. Du merkst, dass du dich an der Oberfläche treiben lassen kannst und findest das beeindruckend.

Du schließt deine Augen ... und als du sie wieder öffnest, bist du plötzlich doch ein bisschen zu weit hinausgetrieben. Du siehst die Tiefe des Meeres und langsam bekommst du Respekt.

Tief hinunterzutauchen, kannst du dir noch gar nicht vorstellen. Und plötzlich bemerkst du eine Welle in der Ferne, eine Welle, die immer größer wird ... Du machst dir plötzlich Sorgen, dass dich die Welle mitreißt, dass du unter ihr ertrinken wirst, und möchtest eigentlich einfach nur wieder ans Ufer. Wärst du doch bloß nie ins Meer gegangen! Aber was wäre, wenn du ein Surfbrett bei dir hättest und diese wunderschöne Welle eine einzigartige Möglichkeit bietet, endlich das Surfen zu lernen? Was wäre, wenn du keine Angst mehr davor haben musst, dass die Wellen dich mit in die Tiefe reißen, sondern du jeder Welle, die kommt, trotzen kannst?

Weißt du, diese Wellen, sind die Wellen deiner Emotionen. Und vielleicht kennst du diese Angst vor dem Tieftauchen, diese Angst vor dem Ertrinken in den Wellen. Und vielleicht bleibst du genau deshalb immer am Ufer sitzen und lässt nicht zu, diese wunderschönen Wellen einmal zu reiten ...

Dieses Buch ist dein Surfbrett. Gemeinsam werden wir lernen, im Wasser sicher zu werden, mit den Wellen zu spielen und auch stürmische Tage zu meistern. Bist du bereit?

Dann beginnt hier unsere Reise – und im nächsten Kapitel triffst du deine Entscheidung, hinaus aufs offene Meer zu gehen.

PLAYLIST ZUM BUCH – LIEDER, DIE DICH ZUM FÜHLEN BRINGEN

Diese Playlist besteht aus meinen Lieblingsliedern, die in mir tiefe Gefühle auslösen und mich in emotionalen Prozessen begleiten. Wenn du eines dieser Lieder hörst, versuch doch mal, achtsam hinzuspüren, was diese Lieder in dir auslösen. Ist es Wut? Ist es Trauer? Ist es Freude? Oder doch etwas ganz anderes? Erlaube dir, die Dauer des Liedes für dieses Gefühl zu nutzen und in dem Gefühl zu verweilen. Vielleicht spürst du auch bestimmte Impulse deines Körpers, denen du nachgehen kannst.

The Night We Met – Lord Huron
Je te laisserai des mots – Patrick Watson
Where's My Love – SYML
Love Is The Only Thing – Lost Frequencies
Herzen aus Papier – Pablu
Come Back To Life – SKAAR
A Thousand Years – Christina Perri
Crazier – Taylor Swift
Blue – Yung Kai
Take This Body Home – Rose Betts
That's So True – Gracie Abrams
Juno – Sabrina Carpenter
Love The Hell Out Of You – Lewis Capaldi
I Couldn't Care Less – Leslie Clio
Lose Control – Teddy Swims
Sun In Our Eyes – Diplo
Somewhere Only We Know – Keane
The Scientist – Coldplay
Old Phone – Ed Sheeran

WIE DU DIESES BUCH LESEN DARFST

Bevor wir starten, möchte ich dir etwas sehr Wichtiges mitgeben: Dieses Buch ist keine Anleitung, um »besser« zu werden. Es ist keine To-do-Liste, die du abarbeiten musst. Du brauchst dich nicht zu optimieren, du musst nichts perfekt machen und du darfst alles, was du hier liest, in deinem ganz eigenen Tempo und auf deine ganz eigene Weise an dich heranlassen.

Vielleicht liest du manche Kapitel und spürst sofort ein »Ja, das will ich ausprobieren«. Vielleicht gibt es Passagen, bei denen du innerlich denkst: »Nein, das passt gerade nicht zu mir.« Beides ist richtig. Dieses Buch ist ein Angebot, kein Auftrag. Du entscheidest, was du annimmst, was du ausprobieren möchtest und was du einfach nur in deinem Herzen bewegst.

Ich lade dich ein, nicht mit dem Anspruch zu lesen, sofort alles umsetzen zu müssen. Lies so, wie du einer guten Freundin zuhören würdest: neugierig, offen, aber ohne Druck, sofort alles »richtig« zu machen. Wenn du etwas findest, das dich berührt, dann bleib einen Moment dort. Schließe die Augen, atme, spüre in dich hinein. Lass es wirken, anstatt es nur »abzuhaken«.

Und vor allem: Erlaube dir Pausen. Du darfst dieses Buch in einem Rutsch lesen, aber du darfst auch Wochen bei einem einzigen Kapitel verweilen. Du darfst zurückblättern, markieren, unterstreichen oder einfach nur die Worte wirken lassen.

Dieses Buch ist nicht dafür da, dich zu einer »besseren Version« zu machen. Es ist dafür da, dass du dich mehr fühlst, mehr verstehst und dir näherkommst, so wie du jetzt bist.

Also leg dieses Buch auch manchmal zur Seite. Geh barfuß ins Gras, schau in den Himmel, iss dein Lieblingsessen ohne Hintergedanken. Nicht, um dein Nervensystem zu »trainieren«. Sondern einfach, um zu leben.

Denn das, was dich wirklich trägt, entsteht nicht im ständigen Tun, sondern im Sein.

Kapitel 1
Die Einladung des Meeres

MEIN ERSTER BLICK AUF DAS MEER MEINER EMOTIONEN

Im Oktober 2023 saß ich am Flughafen in Frankfurt. Die Luft war stickig, die Menschen hetzten von A nach B und mittendrin war ich. Ohne Stimme, mit einer erneuten Kehlkopfentzündung, gerade auf dem Weg nach Hause von der Frankfurter Buchmesse, wo mein erstes Buch ausgestellt wurde. Ich hatte kaum geschlafen, weil ich große Schmerzen hatte, und wollte einfach nur noch nach Hause, zu meinem Mann und meiner Tochter. Zu lange habe ich nur noch funktioniert und jetzt war der Stress endlich vorbei, dachte ich. Irgendwo in der Ferne schrie ein Kind und mein Handy vibrierte. Eine neue E-Mail vom Finanzamt war in meinem Postfach gelandet. Meine erste große Nachzahlung stand an. Ich öffnete sie und plötzlich war da nichts mehr außer einem riesigen Strudel aus Gedanken, Ängsten, Sorgen und Schmerzen.

Mein Herz raste. Ich konnte nicht mehr atmen. Mein Körper zitterte. Ich saß einfach da, mitten im Gate-Bereich, unfähig aufzustehen. Alles drehte sich. Und gleichzeitig war alles wie erstarrt. Ich begann, zu weinen, weil mich die E-Mail so überforderte, dass ich nicht mehr klar denken konnte. Der fremde Mann neben mir fragte mich, ob alles okay sei, aber ich konnte ihm nicht mehr antworten. Ich habe nur noch vor mich hin geschluchzt und das Taschentuch, das er mir anbot, dankend angenommen. Ich wusste in dem Moment nicht, dass das meine erste Panikattacke war. Ich wusste nur noch: Ich kann nicht mehr. Etwas in mir schrie, so laut, dass es mir meine Stimme nahm, und ich hatte keine Ahnung, wie ich damit umgehen sollte.

Ich war jahrelang stark gewesen. Diszipliniert. Leistungsfähig. Unabhängig. Ich hatte gelernt, zu funktionieren, mich zusammenzureißen, durchzubeißen, alles allein zu schaffen und keine Schwäche zu zeigen. Tiefgehende, belastende Gefühle? Die hatte ich gut verstaut irgendwo weggepackt und es gab in meinem Leben keinen Raum für sie. Nicht in der Schule, nicht zu Hause, nicht im Alltag. An diesem Tag, als ich am Frankfurter Flughafen saß, habe ich zum ersten Mal verstanden: Gefühle verschwinden nicht, nur weil wir sie ignorieren und immer weiter funktionieren. Sie sammeln sich und speichern sich im Körper. Sie verdichten sich, bis sie irgendwann wie eine riesige Welle über uns zusammenbrechen. Und bei mir war es dieser Tag. Dieser Flughafen. Diese Welle. Von diesem Tag an konnte ich nicht mehr weglaufen, ich konnte meine Gefühle und all die Anstrengung, die es mich gekostet hat, immer alles allein schaffen zu wollen, nicht mehr wegdrängen. Ich konnte von diesem Moment an nicht mehr stark sein.

Rückblickend war dieser Moment das erste bewusste Aufeinandertreffen mit dem Meer meiner Emotionen. Ich hatte nicht einmal gewusst, dass es da war, so lange hatte ich dieses Meer gemieden. Ich hatte nie gelernt, in Richtung dieses Meeres zu schauen, und an diesem Tag wollte das Meer mich endlich finden. Plötzlich war es da. Gewaltig. Und unkontrollierbar, aber vollkommen echt. Dieser Tag war der Anfang meiner Reise in meine Gefühlswelt. Nicht, weil ich das so geplant habe, sondern weil mein Körper einfach nicht mehr anders konnte und mir keine Wahl ließ, als mir all das anzusehen, was ich jahrelang schöngeredet und unterdrückt habe. Was ich all die Jahre zwar versucht habe, zu verstehen und mit meinem

Kopf zu heilen – aber nie einfach angenommen habe. Ich habe die ganze Reise über vom Gate bis nach Hause geweint. Menschen haben mich angesehen, mir Blicke voller Mitgefühl zugeworfen. An diesem Tag habe ich gemerkt, dass es nicht peinlich oder unangenehm ist, Gefühle zu zeigen. Ganz im Gegenteil. Gefühle sind der Schlüssel zur Verbindung mit anderen Menschen. An diesem Tag habe ich zum allerersten Mal vom Meer gehört und von da an wusste ich: Es gibt etwas in mir, das so viel tiefer geht als all das, was ich bisher gekannt und zugelassen habe. Es gibt ein Meer. Und vielleicht ist es ja schön dort.

Die Einladung des Meeres bedeutet, zum ersten Mal zu erkennen, dass es da etwas in dir gibt, das du bisher übersehen hast. Lass dieses Buch deine Einladung sein.

Warum wir jahrelang unsere Emotionen unterdrücken

Aber lass uns von vorne beginnen und darüber sprechen, warum wir jahrelang unsere Emotionen unterdrücken, was mit ihnen und unserem Nervensystem passiert, wenn sie sich in unserem Körper anstauen, und wie die ersten Schritte in Richtung Wahrnehmung deiner Emotionen aussehen können. Lass uns eine Reise ans Meer deiner Emotionen buchen – hast du Lust?

Der Tag, an dem die Welle kam

An diesem Tag im Oktober verstand ich gar nicht, was mit mir geschah. Ganz im Gegenteil, ich sagte mir die ganze Zeit: Ich kenne doch meine Strategien, ich kenne doch meine Schutzmechanismen, ich habe doch schon so viel aufgearbeitet und weiß so viel über die Kindheit, über Muster und Verhaltensweisen, warum habe ich dann trotzdem eine Panikattacke und das Gefühl, in meinen Emotionen zu ertrinken? Ich hatte keine weiteren Werkzeuge, außer zu verstehen, was in mir vorgeht und ehrlich gesagt wusste ich nicht mehr weiter.

Verstehen ist nicht fühlen

Heute weiß ich: Verstehen ist die eine Sache, zulassen und fühlen die andere. Und mein Nervensystem, also das Grundgerüst, mit dem ich die Welt sehe, hat gelernt, dass Emotionen mehr oder weniger gefährlich sind. Oder zumindest, dass sie immer zu viel sind. Zu laut, zu schrill, zu unangenehm, zu peinlich, zu viel. Und weil das meine Meinung über meine Emotionen, ja sogar über mich als Person war, habe ich mich jahrelang mit Verdrängung und Kontrolle meiner Emotionen geschützt und reguliert, wie es so viele von uns tun. Und das tun wir nicht, weil wir falsch sind – das tun wir, weil die wenigsten von uns gelernt haben, mit Emotionen wirklich umzugehen. Ob es nun die eigenen oder die von anderen Personen sind (wie zum Beispiel von unseren Kindern oder Partnern) – die meisten von uns haben gelernt, dass jegliche Emotionen einfach »zu viel« sind und dass man lieber einfach lächelt, wenn man sich freut (anstatt zu laut und zu schrill zu lachen), oder sich ins Zimmer zurückzieht, wenn man traurig ist (man darf nämlich auf keinen Fall die anderen mit runterziehen oder zeigen, dass man gerade »schwach« ist).

Die Gesellschaft als Verstärker des Funktionierens

Unsere Gesellschaft belohnt genau dieses Funktionieren. Unsere Gesellschaft hat noch keine Sprache für das Innenleben. Stattdessen lernen wir früh, dass wir uns »zusammenreißen« sollen, dass wir »keinen Grund zum Weinen haben« und nicht »so empfindlich« sein sollen. Was wir leider nicht lernen, ist: Gefühle sind Informationen. Sie sind nicht gefährlich und du kannst lernen, zu fühlen, ohne dich zu verlieren. Dein Körper weiß, was du brauchst, du musst nur lernen, ihm wieder zuzuhören. Und dass all das, was IN dir ist, nie größer sein kann als du selbst. Und dass es deshalb auch nie »zu« ist.

Genau so ging es mir, nachdem ich von Frankfurt nach Hause kam. Ich habe gemerkt, dass sich da etwas geöffnet hat. Dem fremden Mann, der am Flughafen neben mir saß und mir ein Taschentuch und sein ätherisches Öl anbot, war ich nicht zu viel. Ich durfte rückblickend am Flughafen eine wahnsinnig heilende Erfahrung machen: Ich bin nicht zu viel! Meine Emotionen sind nicht zu viel! Auch wenn ich gerade unter der ganzen Flut an Emotionen zusammenbreche und alles herauslasse, ich bin nicht zu viel! Seit diesem Tag hat sich für mich eine neue Realität aufgetan. Ich habe von meinem inneren Meer der Emotionen erfahren und ich wusste: Da ist etwas! Es gibt ein Meer, einen Ort, wo man wirklich fühlen kann … Und dort ist es irgendwie schön! Und als ich wieder zu Hause in meinem Alltag war, wusste ich zwar nicht, wie ich dort noch mal hinkommen kann, und ich wusste auch nicht, ob ich mich überhaupt traue, da noch einmal hinzukommen, aber ich wusste: Ich habe mein Leben bis zu diesem Moment wie in einem Raum eingesperrt gelebt. Und dieser Raum, ich nenne ihn unseren Verstand, unseren Leistungsmodus, die Kontrolle – diesen Raum konnte ich da zum ersten Mal verlassen.

Zum ersten Mal ehrlich zu fühlen und diese Gefühle auch zu zeigen, war, als würde man mir einen Schlüssel in die Hand geben, um die Tür zu öffnen und aus diesem Raum rauszugehen. Meine Koffer zu packen und ans Meer zu fahren. Es war, als hätte mir jemand zum ersten Mal von einem Ort erzählt, an dem man barfuß durch warmen Sand läuft, das Wasser die Füße umspült, der Wind durchs Haar zieht. Ein Ort, an dem man einfach sein darf, mit allem, was man ist. Ich spürte eine Mischung aus Skepsis und Sehnsucht und ein Teil in mir flüsterte: »Das ist nichts für dich. Du bist nicht der Typ für so große Gefühle. Das ist viel zu viel dort.« Aber ein anderer Teil sagte ganz leise und ganz sanft: »Vielleicht warst du einfach noch nie dort und solltest es dir einfach mal ansehen.«

Was dein Nervensystem über deine Gefühle entscheidet

Erst in den letzten Jahren wurde mir bewusst, dieses Bild vom Meer war mein Selbstbild, dass sich zum ersten Mal bemerkbar machte. Die Erinnerung daran, dass ich mehr bin als mein Denken. Dass ich fühlen kann und fühlen darf und dass das nicht gefährlich, sondern lebensnotwendig ist. Unser Nervensystem speichert jede Erfahrung, auch die, in denen es für Gefühle und Emotionen keinen Raum gab. Es bewertet Emotionen bewusst als sicher oder gefährlich und wenn du gelernt hast, dass Tränen Schwäche sind, dass Wut unerwünscht ist oder Freude peinlich und »zu viel«, dann reagiert dein Körper mit einem Alarm, sobald diese Gefühle wieder auftauchen, weil du in deinem Körper genau gespeichert hast, was passiert, wenn sie an die Oberfläche geraten. Vielleicht wurdest du wegen deiner Emotionen schon einmal ausgelacht, ständig kritisiert oder weggeschickt – und um diese schmerzhaften Erfahrungen nicht noch einmal zu erleben, sorgt dein Nervensystem, dein inneres Alarmsystem dafür, dass du nicht noch einmal in so eine Situation kommst. Es schützt dich, manchmal auch, indem es dich einfach abschneidet von dir selbst. Von deinen Emotionen. Von deinem inneren Meer.

Dein Nervensystem als inneres Navigationssystem

Du kannst dir dein Nervensystem wie ein inneres Navigationssystem vorstellen, das in jeder Sekunde deines Lebens im Hintergrund arbeitet – während du atmest, gehst, sprichst, fühlst und entscheidest – und das ohne Pause prüft, ob du dich in Sicherheit befindest oder ob etwas geschützt werden möchte. Dieser schnelle, unbewusste Wahrnehmungsprozess, der die Umgebung auf Gefahren hin beurteilt, wird Neurozeption genannt. Er sortiert die Information vor und entscheidet, lange bevor du bewusst darüber nachdenkst, ob Nähe dir gerade guttun oder dich überfordern würde, ob eine E-Mail harmlos ist oder Bedrohung signalisiert, ob die Stille im Raum dich entspannt oder nervös macht. Dein Körper sammelt dafür ständig Daten von der Außenwelt, er scannt den Gesichtsausdruck und die Stimme des Gegenübers, nimmt Geräusche, Gerüche und Bilder wahr. Er nimmt aber auch deine inneren Körperzustände wahr. In deine Interozeption fließen Signale aus deinem Körperinneren ein, also aus der feinen Sprache deiner Organe, Muskeln und deines Atems.

All diese Signale aus der Außenwelt und dem Inneren landen in deinem inneren Navi, das seit deiner Kindheit gelernt hat, was sicher ist und was nicht, und das jeden neuen Moment mit alten Erfahrungen abgleicht. Hierin liegt vielleicht auch der Grund, warum du mit manchen

Situationen anders umgehst als die Menschen um dich herum, denn es geht besonders darum, was DU gelernt hast, was für dich Sicherheit bedeutet und was nicht, und das ist bei jedem Nervensystem anders. Vielleicht fragst du dich auch gerade, warum das Nervensystem dann manchmal Wege wählt, die dir als logisch denkende, erwachsene Person eigentlich blockierend oder selbstmanipulierend erscheinen – hier gibt es ein tolles Zitat: »Your Nervous System will choose a familiar hell over an unfamiliar heaven.« (Auf Deutsch: Dein Nervensystem wählt lieber die bekannte Hölle als den unbekannten Himmel.) Ich finde dieses Zitat so besonders, weil es etwas Wichtiges klar macht: Dein Nervensystem mag keine Veränderungen. Es bevorzugt das, was es kennt, auch wenn es dir nicht guttut. Für dein denkendes Ich mag die Veränderung logisch, gut und erstrebenswert sein. Aber für dein Nervensystem bedeutet alles, was neu ist, zunächst einmal Gefahr. Es sagt: »Lieber bleibe ich auf dieser schmerzhaften, aber vertrauten Strecke, als mich auf ein völlig unbekanntes Terrain zu begeben.« Genau deshalb fühlt es sich manchmal so schwer an, alte Muster zu durchbrechen. Nicht, weil du schwach bist oder zu wenig willst, sondern weil dein Nervensystem Sicherheit über alles stellt – auch über Glück, Entwicklung und Freiheit.

Die gute Nachricht ist: Dein Nervensystem kann lernen. Mit jedem kleinen Schritt, mit jeder Erfahrung von Sicherheit, die du bewusst machst, öffnest du deinem Navi neue Wege. Es speichert: Aha, das war neu und trotzdem sicher. Mit der Zeit werden diese neuen Straßen vertraut, sie fühlen sich nicht mehr bedrohlich an, sondern selbstverständlich. Und irgendwann fährst du sie genauso automatisch wie früher deine alten Routen, nur dass sie dich diesmal dorthin bringen, wo du wirklich hinwillst.

Wenn du verstehst, dass dieses Navigationssystem dich durch dein Leben leitet, kannst du beginnen, deine

Reaktionen mit mehr Milde zu betrachten. Dein Herz rast nicht, weil du übertrieben reagierst, sondern weil dein Navi die Route Sicherheit gerade nur über Beschleunigung kennt. Du ziehst dich nicht zurück, weil du zu wenig Motivation hättest, sondern weil dein Navi meldet, dass Energie sparen und verlangsamen dich im Moment am ehesten schützt. Gefühle sind in diesem Bild keine Störung, sondern Wegweiser, und dein Körper ist nicht dein Gegner, sondern dein treuester Begleiter. Wenn du am Meer stehst und die Wellen betrachtest, bemerkst du, dass sie ständig kommen und gehen, und genauso arbeitet ein regulierendes Nervensystem. Es schwingt. Es prüft. Es passt sich an. Es nimmt Kontakt auf und zieht sich wieder zurück. Es ist niemals statisch, sondern lebendig.

Unsere moderne Welt macht es diesem inneren Navi nicht leicht, denn sie hält uns in einem Dauerstrom aus Reizen. Der Blick auf das Handy im Bett, der Takt durch Termine, die Geschwindigkeit der Straßen, die vielen Stimmen, Meinungen, Bilder. Und dazwischen deine Geschichte, deine Lernerfahrungen aus Kindheit und Jugend, in denen vielleicht zu wenig Platz war für Tränen, für Wut, für Weichheit und auch für echte Freude. All das formt die Karte deines Navigationssystems. Die gute Nachricht – und darauf baut dieses Buch auf: Diese Karte ist nicht in Stein gemeißelt. Sie lässt sich neu zeichnen. Du kannst in deinem Körper wieder Sicherheit erleben und lernen, wie es sich anfühlt, wenn dein inneres Navi nicht bei jeder kleinen Kurve Alarm schlagen muss, sondern dich ruhig und klar dorthin bringt, wo du hin willst.

Die Lieblingsroute deines Nervensystems

Wie jedes Navigationsgerät hat auch dein inneres Navi Lieblingsrouten; altbekannte Wege, die es immer wieder vorschlägt, weil sie sich vertraut anfühlen. Manche Menschen fahren am liebsten die große Autobahn, alles ist klar, schnell und direkt. Andere wählen Nebenstraßen, auf denen sie die Kontrolle behalten und Überraschungen vermeiden. Übertragen auf dein Innenleben bedeutet das: Dein Nervensystem fährt auf drei grundlegende Weisen Richtung Sicherheit. Es gibt die Route der Verbundenheit und Zuversicht über den ventralen Vagus. Dein Gesicht wird weich, deine Stimme warm, dein Blick offen, du spürst dich und kannst gleichzeitig den anderen spüren, du bist in Kontakt mit dir und der Welt, dein Atem fließt, dein Herz arbeitet ruhig und elastisch, und selbst wenn etwas Unangenehmes auftaucht, bleibt da innerer Boden unter deinen Füßen. Es gibt die Route der Aktivierung über den Sympathikus, auf der Energie in deinen Körper schießt, Muskeln tonisieren, der Atem schneller wird, die Gedanken zu Lösungen springen. Du willst handeln, dich wehren, weglaufen, ordnen, kontrollieren. Und es gibt die Route des Rückzugs über den dorsalen Vagus, auf der alles still wird, als würdest du den Ton leiser drehen. Du spürst weniger, bist müde, leer, vielleicht wie hinter Glas, dein Körper senkt den Energieverbrauch, um dich zu schützen.

Niemand ist immer nur auf einer Route unterwegs, aber wir alle haben eine bevorzugte Strecke, die unser System in Stressmomenten immer wieder wählt. Vielleicht merkst du in Konflikten, dass du sofort argumentierst, erklärst, rechtfertigst, schneller sprichst und den Überblick behalten willst. Dann ist die aktivierende Route deine gewohnte. Vielleicht kennst du das Gegenteil: Du wirst in wichtigen Gesprächen plötzlich still, findest kaum noch Worte, magst dich kaum bewegen. Dann wählt dein System die beruhigende, aber auch dämpfende Rückzugsroute. Und vielleicht kennst du den Zustand, in dem du tief verbunden bist, dich tragen lassen kannst, dich als kompetent erlebst und gleichzeitig weich bleibst. Dann bist du auf der

Route der Verbundenheit. Es ist hilfreich zu wissen, dass auch Zwischenzustände möglich sind, eine Art funktionales Erstarren, in dem du äußerlich funktionierst, Termine einhältst, Verantwortung übernimmst, nach außen stark wirkst, innerlich aber abgeschnitten bist von der Fülle deiner Empfindungen. Darüber sprechen wir in einem späteren Kapitel ausführlicher. Hier genügt der Gedanke, dass dein System immer versucht, dich zu schützen, auch wenn sich das Ergebnis nicht gut anfühlt.

Wichtig ist, dass keine dieser Routen schlecht oder falsch ist. Sie sind alle sinnvoll und Teil deiner biologischen Intelligenz. Der Sympathikus schenkt dir Tatkraft, er lässt dich Grenzen setzen, er hilft dir, dein Kind schnell auf den Gehsteig zu ziehen, wenn ein Auto zu nahekommt. Der dorsale Vagus schenkt dir das tiefe Ausatmen nach einem Schreck, er lässt dich Energie sparen, wenn nichts mehr geht. Und der ventrale Vagus ist der Ort, an dem Verdauung, Immunsystem, Bindung und Kreativität blühen. Das Problem entsteht erst dann, wenn dein Navi eine bestimmte Route für die einzig sichere hält, weil deine Lerngeschichte sie immer wieder bestätigt hat. Dann fährst du auch bei Sonnenschein und freier Straße die Notfallspur und wunderst dich, warum dein Körper erschöpft, gereizt oder leer wird. Heilung bedeutet in diesem Bild, die Karte zu erweitern, kleine sichere Wege zu üben, Abfahrten zu nehmen, die du bisher gemieden hast, und es deinem Nervensystem zu erlauben, neue, freundlichere Strecken nach Hause zu finden.

Du kannst das im Alltag beobachten. Morgens beim Aufwachen spürst du vielleicht, ob dein Körper dich zu Bewegung und Tat führt oder ob er dich eher in die Decke kuscheln will. Bei einer Nachricht vom Arbeitgeber merkst du, ob dein Bauch eng wird und Gedanken rasen oder ob du erst einmal atmest und prüfst. Beim Weinen deines Kindes erkennst du, ob du sofort etwas tun musst oder ob du innerlich anwesend bleiben kannst und dein Kind mit deiner Ruhe co-regulierst. All das sind Spuren deiner Lieblingsroute. Und ja, du kannst neue Spuren legen. Jede sanfte Atemwelle, jede Pause, jeder gelassene Blick, jede gelungene Grenze in einem Gespräch ist wie ein neuer Wegpunkt, den dein Navi speichert und beim nächsten Mal schneller wiederfindet.

Reguliert zu sein ist kein Dauerzustand

Vielleicht ist das Wichtigste an dieser Stelle die Erkenntnis, dass reguliert zu sein kein Dauerzustand ist. Das Ziel ist nicht, immer gelassen, immer ruhig, immer freundlich zu sein. Das Meer ist nicht immer spiegelglatt, und ein lebendiger Körper ist nicht dafür gebaut, in einem einzigen Ton zu verharren. Regulation bedeutet Beweglichkeit. Dein Nervensystem ist gesund, wenn es schwingen kann, wenn es auf etwas Aufregendes mit Aktivierung antwortet und danach wieder in die Ruhe gleitet, wenn es Traurigkeit zulässt und sie tragen kann, ohne zu versinken, wenn es Ärger spürt und daraus eine klare, respektvolle Handlung werden lässt, die sich anschließend wieder beruhigt. Diese Beweglichkeit nenne ich Wellen surfen. Du lernst die Welle zu nehmen, die dich gerade erreicht, du steigst auf, bleibst in Kontakt mit deinem Körper, spürst die Kraft, die dich hebt, und du fährst wieder zum Ufer zurück. Je vertrauter dir dieses Hin und Her wird, desto sicherer fühlst du dich in dir selbst.

Was uns erschöpft, ist nicht die einzelne Welle, sondern der Zustand, immer auf ihrem höchsten Punkt festzukleben. Wenn die Aktivierung nicht mehr abfließt, wenn der Körper nie in die echte Entspannung sinkt, wenn der Atem ständig oben im Brustkorb festhält, wenn Muskeln selbst im Sitzen angespannt bleiben, wenn der Geist keine Lücken mehr kennt, dann fühlt sich das Leben an, als würdest du im Ozean strampeln, ohne je Boden zu spüren. Irgendwann überflutet dich die Welle, sie reißt dich mit in Panik, in Wutausbrüche, in Schlaflosigkeit, in körperliche Schmerzen oder in diese tiefe Erschöpfung, die sich wie Watte anfühlt.

Wichtig ist hier die Unterscheidung zwischen echter Entspannung und Betäubung. Echte Entspannung fühlt sich an wie ein weites Ausatmen, wie Wärme, wie Schwere im Körper, wie ein ruhiger Blick und das leise Gefühl von genug. Betäubung fühlt sich eher leer an, du bist zwar still, aber nicht satt, der Bildschirm hält dich fest, der Wein macht dich nur stumpf, und der Körper bleibt danach genauso angespannt wie zuvor. Dein Nervensystem sehnt sich nach echter Entspannung, nach diesem Zurückgleiten vom Wellenkamm an den Strand.

Du kannst deinen Körper dabei unterstützen, indem du ihm kleine, klare Signale gibst. Langsames Ausatmen, das etwas länger dauert als das Einatmen, führt dein System Richtung Ruhe. Eine Hand auf Herz oder Bauch sagt deinem Navi, dass Nähe sicher ist. Ein kurzer Gang ins Freie, ein Blick in den Himmel, ein paar Schritte, bei denen du bewusst deine Ferse, Fußmitte und Zehen spürst, lassen dich wieder in deinem Körper ankommen. Summen bringt Schwingung in den Brustkorb und beruhigt die Stimme, die dann auch auf andere regulierend wirkt. Ein ehrliches Nein in einem Gespräch schenkt dir inneren Boden. All das sind keine großen Interventionen, sondern kleine, verlässliche Wegmarken, die deinem Navigationssystem zeigen, dass es Alternativen gibt. So entsteht Flexibilität, nicht durch Druck, sondern durch Wiederholung und Milde.

Wenn du beginnst, diese Beweglichkeit in deinen Alltag einzubauen, verändert sich deine Wahrnehmung. Anspannung wird nicht mehr zum Feind, sondern zur Welle, die dich einlädt, deine Kraft zu spüren und deine Kompetenz im Surfen zu verbessern. Ruhe wird nicht zur Pflicht, sondern zur inneren Küste, zu der du gern zurückkehrst. Nähe wird leichter, weil du weißt, dass du dich schützen kannst. Distanz wird freundlicher, weil sie kein Rückzug aus Angst ist, sondern ein bewusster Schritt zu dir. Das ist die Qualität, die wir Resilienz nennen. Sie liegt nicht in der Unverletzbarkeit, sondern in der Gewissheit, dass du dich bewegen kannst und wieder zurückfindest, dass dein inneres Navi dich auch nach Kurven und Staus sicher nach Hause bringt.

Wenn du dieses Buch weiterliest, nimm diese drei Bilder mit auf den Weg: dein Nervensystem als Navigationssystem, das dich nicht belehrt, sondern begleitet; deine Lieblingsroute, die dich bisher geschützt hat und die du nun behutsam erweitern darfst; die bewegliche Regulation, die kein Zustand ist, den man erreicht und festhält, sondern eine lebendige Fähigkeit, die du übst, so wie man am Meer mit jeder Welle ein wenig besser spürt, wie man stehen, gleiten, fallen, auftauchen und wieder zum Strand gehen kann. So beginnt deine Reise – nicht mit Gewalt, sondern mit einer Hand auf deinem Herzen und dem stillen Wissen, dass du dir selbst ein sicheres Ufer werden kannst.

Was die Forschung dazu sagt

Eine spannende Studie (die ACE-Studie, Felitti et al., 1998) zeigt, dass frühe emotionale Belastungen wie Vernachlässigung, emotionale Kälte, Beschämung oder Dauerstress einen direkten Einfluss auf den Körper haben und die psychische Gesundheit im Erwachsenenalter enorm beeinflussen. Menschen mit hohen ACE-Werten erlebten laut dieser Studie deutlich häufiger Erschöpfung, Ängste, Depressionen, chronische Erkrankungen und Schwierigkeiten mit emotionaler Regulation.

> **Emotionen, die wir nicht fühlen durften, speichern sich in unserem Körper. Und irgendwann brechen sie wie eine Welle über uns herein.**

Deine Aufgabe ist es also ab heute, einen neuen Weg zu wählen. Einen neuen Weg, auf dem du am Meer einen Halt machst und surfen lernst, also lernst, wie du mit deinen Emotionen leben kannst, wie du sie zulassen und (aus) halten kannst, um dann weiter in Richtung Ziel, in Richtung Sicherheit zu fahren. Auf diesem Weg wird es Hürden geben, vielleicht platzt einmal der Reifen deines Autos, oder dein Navigationssystem kennt sich gar nicht mehr aus und sagt nur noch: »BITTE WENDEN.« Aber du darfst einfach auf deinem Weg bleiben und weiterfahren.

Zwischen dir und deinem Ziel der Sicherheit liegt ein riesiges Meer. Dieses Buch soll eine Einladung sein, deine Koffer zu packen, die Reise ans Meer deiner Emotionen anzutreten und zu entdecken: Du bist nicht »zu« emotional. Du bist nicht falsch. Du hast nur nie gelernt, wie du mit deinen Emotionen umgehen kannst. Und du darfst das Meer der Emotionen überqueren, um an dein schlussendliches Ziel zu kommen. Nachdem du den Ruf des Meeres gehört und vielleicht zum ersten Mal gespürt hast, dass in dir eine Tiefe schlummert, die lange unbeachtet blieb, werden wir im nächsten Kapitel gemeinsam die Entscheidung treffen, diese Reise wirklich anzutreten – mit allem, was sie mit sich bringt: Neugier, Angst, Vorfreude und vielleicht auch die leise Frage, ob du bereit bist, dich auf das Abenteuer mit dir selbst einzulassen.

SPANNENDE SIDEFACTS

Was passiert, wenn wir Emotionen unterdrücken? Stell dir vor, du hast innerlich ein Fass, in das jede unterdrückte Emotion wandert. Wenn das Fass überläuft, zeigt sich das oft in Form körperlicher Beschwerden: Verspannungen, Kloß im Hals, Reizdarm, Schlafprobleme, Gereiztheit, emotionale Leere. Der Körper spricht dann eine Sprache, für die uns die Worte manchmal fehlen – und hinter unterdrückten Gefühlen steht oft ein Kind, das nie lernen durfte, wie wichtig ehrliche Emotionen sind.

DEIN NEUER WEG: AUF INS MEER

Ab heute kannst du dich entscheiden: Bleibst du auf der alten Route oder wagst du einen neuen Weg hin zum Meer deiner Emotionen? Vielleicht platzt mal ein Reifen, vielleicht kennt sich dein Navi zwischendurch nicht aus, aber du kannst weiterfahren. Du bist nicht zu emotional. Du bist nicht falsch. Du hast nur nie gelernt, auf den emotionalen Wellen zu surfen – und genau das werden wir in diesem Buch zusammen üben.

Zusammenfassung

- Emotionen sind nicht unnötig oder peinlich – sie sind Informationen.
- Dein Nervensystem bewertet Gefühle unbewusst nach alten Mustern – du kannst das bewusste Fühlen erlernen.
- Was in dir ist, ist nie »zu viel« für dich – du kannst lernen, es sanft wahrzunehmen.

REFLEXIONSFRAGEN

- Wann hast du das letzte Mal bewusst wahrgenommen, was du fühlst – nicht was du über das Gefühl denkst, sondern das Körpergefühl selbst?
- Was wurde dir in deiner Kindheit über Emotionen beigebracht?
- Gibt es Gefühle, die du dir erlaubst – und andere, die du eher unterdrückst?
- Wie reagiert dein Körper auf unangenehme Gefühle?
- Wenn es in dir ein Meer voller Emotionen gibt: Warum hast du es bisher vielleicht gemieden und was könnte dich gleichzeitig anziehen?

DAS KANNST DU JETZT TUN

- Schließe kurz die Augen, atme tief ein und aus.
- Stelle dir vor, du stehst am Rand eines weiten Strandes.
- Höre deinen inneren Ruf: Was zieht dich gerade tiefer ins Leben? Schreibe den ersten Impuls auf – ganz ohne Bewertung. Das Gefühl des Wassers
- Notiere drei Gefühle, die sich zeigen würden, wenn du diesem Ruf folgst.

Freude, Freiheit, Glück

Platz für deine Gedanken

Platz für deine Gedanken

Kapitel 2
Die Entscheidung zur Reise!

WIR BUCHEN DIE REISE – DIE BEWUSSTE ENTSCHEIDUNG FÜR EMOTIONALE TIEFE UND SELBSTWAHRNEHMUNG

Und da war ich wieder. In meinem Zuhause. Auf meinem altbekannten Weg unterwegs. Der Alltag begann wieder, und nachdem ich meinem Mann erzählt habe, was passiert ist und wir gemeinsam eine Lösung für das Problem, das mir in der Mail offenbart wurde, gefunden haben, habe ich erstmal so weitergemacht wie immer. Meine Tochter war zu Hause, ich habe nebenbei gearbeitet und meine neue Ausbildung zur psychologischen Beraterin begonnen. Das Einzige, was mir auffiel, war: Diesmal hatte ich wirklich lange mit meiner Kehlkopfentzündung zu kämpfen. Nach zehn Tagen ohne Stimme war ich langsam etwas verzweifelt. Ich meinte, ich müsse doch irgendwie weitermachen. Es war wieder an der Zeit, Podcast-Folgen aufzunehmen, Content zu drehen – ohne Stimme ist das eher schwierig. Ich fragte mich, warum diese Entzündung nicht einfach wieder verschwinden konnte. Ich wünschte mir so sehr, dass ich endlich wieder weitermachen konnte.

Und nachdem ich genau diesen Satz mit krächzender Stimme ausgesprochen habe – »Ich wünsche mir, dass ich endlich einfach wieder funktionieren kann« –, fiel es mir wie Schuppen von den Augen. Ich habe vor einigen Tagen meine erste Panikattacke erlebt – und seitdem funktioniere ich nicht mehr! Und vielleicht ist das genau richtig so? Vielleicht sollte ich doch einfach mal hinterfragen, warum diese Kehlkopfentzündung nicht wegge-

hen will und was mir mein Körper damit sagen möchte? In dieser Nacht lag ich lange wach. Gedanken kreisten mir durch den Kopf (wie zu dieser Zeit sonst auch so häufig), aber diesmal blieb ich an einem Gedanken hängen: »Was, wenn mein Körper mir etwas sagen will? Was, wenn das alles – die Erschöpfung, die Anspannung, die Gereiztheit – gar nicht ›normal‹ ist? Was, wenn ich gerade aufhöre, zu funktionieren, und das genauso sein soll?«

In mir tauchte ein Bild auf: Ein kleines Mädchen sitzt an einem Küchentisch. Es hat die Hände in den Schoß gelegt, hält den Blick gesenkt. Es will reden, aber die Stimme will nicht raus – nicht, weil es nichts zu sagen hätte, sondern weil es so lange gelernt hat, dass Sprechen gefährlich ist. Dieses Mädchen bin ich. Und vielleicht war diese Kehlkopfentzündung der einzige Weg meines Körpers, mich zu zwingen, endlich zuzuhören.

Zum ersten Mal habe ich wahrgenommen, dass mein Körper mich ausgeschaltet hat. Dass mein Körper die Führung übernommen hat, weil ich eine viel zu lange Zeit nicht hingehört habe. Damals die Zysten, als ich in meinem toxischen Job gefangen war, die ständigen Kehlkopfentzündungen – all das waren stille Schreie meines Körpers, dass all das, was ich jahrelang unterdrückt habe, zu viel wird. Dass mein inneres Fass voll ist und dass ich kein gesundes Ventil besaß, um das Fass ein bisschen leerer zu machen. Immer wieder habe ich meine Gefühle in Alkohol und Partys ertränkt, immer wieder habe ich noch härter und noch mehr gearbeitet, um eben nicht fühlen zu müssen. Und natürlich wollte ich weiterhin funktionieren – und mein Körper hat sich entschlossen, genau das nicht mehr zuzulassen.

Als mir das klar wurde, habe ich mich zum ersten Mal bewusst gefragt: Was passiert eigentlich mit mir? Was tue ich hier eigentlich? Ich begann, mich selbst zu beobachten, und in diesen Tagen nach meiner ersten Panik-

attacke habe ich zum ersten Mal bewusst wahrgenommen und gespürt, wann ich mich abschaltete, wann ich überreagierte und wann ich einfach nur leer war. Und das war ich zu dieser Zeit sehr oft. Ich wusste, dass sich etwas verändern musste. Dass ich etwas verändern musste. Dass ich über meine alten Muster wie Kontrolle und einfach viel arbeiten und sich ablenken nicht mehr weiterkommen würde. Und zum allerersten Mal habe ich in dieser Zeit etwas getan, das ich mir in den Jahren davor nie hätte vorstellen können: Ich habe begonnen, über meine Gefühle zu sprechen.

Und hier habe ich direkt einen Impuls an dich: Wie oft hast du schon mit »gut« geantwortet, wenn dich jemand gefragt hat, wie es dir geht, ohne davor wirklich in dich hineinzuspüren, wie es dir tatsächlich gerade geht und was du fühlst? Denn ich bin ehrlich mit dir – ich habe das bis zu diesem Zeitpunkt kaum bis gar nicht getan. Ich weiß, das klingt verrückt, aber selbst meinem Mann und meinen engsten Freundinnen habe ich immer mit »gut« geantwortet. Das war mein Muster. Es war für mich völlig normal, immer mit »gut« zu antworten. Ich wusste nicht einmal, wie das sonst geht – hineinfühlen und dann aussprechen, was da ist.

Also habe ich mich als Allererstes meinem Mann geöffnet. Ich habe ihm erzählt, dass ich eine Panikattacke hatte und dass ich höllische Angst vor der Zukunft habe. Dass ich nicht weiß, wie alles weitergehen soll, dass ich mich überfordert fühle als Mama und mit meiner Selbstständigkeit, dass ich Angst habe, eine schlechte Mama und Ehefrau zu sein, dass ich unsere Tochter so gerne in die Betreuung geben würde und mich der Gedanke daran gleichzeitig so schuldig fühlen lässt, dass ich oftmals glaube, mein Mama-Sein zu bereuen, dass diese Hilflosigkeit mich lähmt und dass ich keine Ahnung habe, wie ich mit all dem umgehen soll – ja, dass ich es alleine nicht mehr schaffe. In diesem Moment, als ich mich zum ersten Mal jemandem mit meinen tiefsten Ängsten geöffnet habe, konnte ich spüren, wie mein inneres Kind vorsichtig den Kopf hob. Es hatte sich so lange daran gewöhnt, alles allein zu tragen, dass es kaum glauben konnte, dass jetzt jemand einfach neben ihm sitzt, zuhört und bleibt. Ich habe in diesem Moment etwas sehr Wichtiges für mein Nervensystem getan: Ich bin in Verbindung mit anderen gegangen und habe dadurch endlich das langjährige Muster des »Alles allein Schaffen« und der Unterdrückung meiner Gefühle aufgebrochen.

> Die Entscheidung zur Reise ist der Moment, in dem du zum ersten Mal bewusst sagst: Ja, ich will fühlen. Ja, ich will mich verstehen. Ja, ich will mich erinnern, dass es dieses Meer gibt – und dass es nicht gefährlich ist.

Die lebenswichtige Rolle von Verbindung in der Kindheit

Weißt du, als Kinder suchen wir eigentlich immer Verbindung. Wir sind von dieser Verbindung abhängig, unser ganzes Leben funktioniert als Kind nur durch (Ver)Bindung. Wir sind davon abhängig, dass Mama und Papa mit uns in Verbindung gehen und uns durch unser Leben begleiten. In einer gesunden Verbindung mit anderen zu sein, bedeutet, in Sicherheit zu sein. Viele von uns haben jedoch gemerkt, dass sich die Verbindung zu Mama und Papa ändert, wenn wir Emotionen gezeigt haben. Viele von uns wurden auf ihre Zimmer geschickt, wurden emotional unterdrückt, mit Gefühlen allein gelassen und das ist das exakte Gegenteil von Verbindung, die unser Nervensystem benötigt, um reguliert (also in Verbindung mit dir und anderen) bleiben zu können.

Vielleicht kannst du dir in diesem Moment einmal dein inneres Kind vorstellen: Es sitzt in einem Zimmer, die Tür ist angelehnt, draußen hörst du Schritte. Dieses Kind wartet darauf, dass jemand hereinkommt, sich zu ihm setzt und sagt: »Ich sehe dich. Deine Tränen sind willkommen.« Doch die Schritte entfernen sich. Die Stille im Raum ist schwer und dieses Kind beginnt zu lernen: *So wie ich bin, bin ich zu viel.*

Auch hier möchte ich wieder betonen, dass auch unsere Eltern dies in den meisten Fällen nicht mit Absicht getan haben, sondern weil sie selbst nie gelernt haben, mit Emotionen und Gefühlen umzugehen, sie zuzulassen und auszuhalten – und natürlich holen Kinder all die unterdrückten Emotionen der Eltern hoch. Wenn die Eltern selbst keine gesunde Strategie erlernt haben, Emotionen auszuhalten, werden sie nach ihrem eigenen Muster die Emotionen ihrer Kinder ebenso unterdrücken. Nicht weil sie dumm sind, sondern weil sie selbst nie gelernt haben, Emotionen zuzulassen und andere zu halten.

Psychologische Abwehrmechanismen – unser innerer Schutzschild

Wir schützen uns mit sogenannten psychologischen Abwehrmechanismen. Zum Beispiel trainieren wir uns an, Emotionen, Gefühle und Situationen zu verdrängen oder zu rationalisieren, besonders dann, wenn Gefühle als überfordernd erlebt wurden. Wenn da kein anderer Mensch war, mit dem wir in Verbindung gehen konnten und der uns hätte beibringen können, wie wir gesund in Verbindung mit uns selbst und unseren Gefühlen und Emotionen gehen.

Stell dir vor, wie dein inneres Kind dazu kam, so diese Strategien zu entwickeln: Es merkt, dass niemand kommt, um es zu trösten, also setzt es sich aufrecht hin, schluckt die Tränen herunter und versucht, stark zu wirken. Vielleicht sagt es innerlich zu sich: »Ich halte das allein aus.« Dieses Kind hat einen Weg gefunden, weiterzumachen – und genau das ist es, was dein Nervensystem auch heute noch tut, wenn alte Wunden berührt werden.

Dadurch, dass wir verdrängen und nicht verarbeiten, was in uns ist, bleibt unser Nervensystem in genau diesem Zustand von »Meine Emotionen sind zu viel, ich muss sie unterdrücken, sie sind eine Gefahr, denn wenn ich sie zeige, verliere ich die Verbindung«. Es begibt sich in den sogenannten »Überlebensmodus«, wenn keine andere gesunde Basis zur Verarbeitung von Emotionen da ist.

Anpassung oder Autonomie – die zwei Wege des Überlebens

Meistens wählen wir als Kinder entweder den Weg der Anpassung, sorgen also für Harmonie, indem wir unsere Emotionen unterdrücken und »lieb« und »brav« sind, oder den Weg der Autonomie, auf dem wir denken, dass wir alles allein schaffen müssen. Auch hier unterdrücken wir unsere wahren Emotionen.

Vielleicht siehst du dein inneres Kind jetzt klar vor dir: In der Anpassung trägt es ein strahlendes, geübtes Lächeln, das nie verrät, wie weh es eigentlich tut. In der Autonomie steht es mit verschränkten Armen in der Ecke und denkt: *Ich brauche niemanden.* Beide Kinder sind gleich einsam – sie haben nur unterschiedliche Masken gewählt, um nicht noch einmal verletzt zu werden.

Alles in allem haben die meisten von uns ein Entwicklungstrauma erlebt, ein Bindungstrauma. Das ist nicht dasselbe wie ein Schocktrauma wie zum Beispiel bei einem schlimmen Unfall. Sondern das heißt, dass viele kleine Situationen passiert sind, in denen du immer wieder den Weg der Anpassung oder Autonomie wählen musstest, dass also immer wieder Situationen passiert sind, in denen du dich »falsch« gefühlt hast und deine grundlegenden Bedürfnisse nach Verbindung, Nähe und Liebe nicht erfüllt wurden, obwohl sie existenziell wichtig gewesen wären. Du kannst dir das also ungefähr so vorstellen, als hätten wir als Kinder zwischen Leben und Tod entscheiden müssen.

Das ist jetzt von mir sehr überspitzt gesagt, aber im Grunde ist es das, was wir als Kinder gefühlt haben, wenn wir mit unseren Gefühlen und Emotionen abgewiesen wurden. Unser Körper hat genau realisiert: Die Person, die ich zum Überleben brauche, stößt mich gerade ab, schickt mich weg, will mich so nicht haben. Also gibt es nur den Weg der Anpassung oder der Autonomie, um weiterhin »am Leben« zu bleiben.

Die Einladung, einen neuen Weg zu gehen

Du darfst dir also in allererster Linie bewusstwerden: Welchen Weg hast du gewählt? Hast du deine Emotionen unterdrückt, dich angepasst und warst das liebe, brave, ruhige Kind? Oder hast du deine Emotionen unterdrückt und hast alles mit dir selbst ausgemacht, nie um Hilfe gefragt und nie gezeigt, dass du »bedürftig« bist?

Vielleicht kannst du dich in diesem Moment innerlich neben dieses Kind setzen, das du einmal warst – egal ob es angepasst oder autonom geworden ist – und ihm sagen: *»Ich bin jetzt da. Ich schicke dich nicht mehr allein in dein Zimmer. Deine Gefühle sind sicher bei mir.«*

Und wenn dir das bewusst ist – bist du bereit, dass du ab heute die Entscheidung triffst, nicht mehr einen dieser beiden Wege zu wählen, sondern einen neuen, gesunden?

Und ja, diese Frage kann etwas in dir auslösen. Es kann sein, dass du dich gerade unsicher fühlst, du das Buch weglegen möchtest, weil du gerade etwas Wichtiges für dich realisiert hast.

Vielleicht verstehst du gerade zum ersten Mal, dass das Muster, das du seit Jahren bedienst, ein Schutzmechanismus aus deiner Kindheit ist. Dass du als kleines Wesen damals so unfassbar klug warst und einen Weg zum Überleben geebnet hast. Dass in dein inneres Navi Anpassung oder Autonomie eingetippt ist und du deshalb nicht ans Meer findest.

Und genau hier beginnt deine neue Reise – nicht, indem du dieses Kind ignorierst, sondern indem du ihm die Hand reichst und gemeinsam mit ihm die ersten Schritte Richtung Wasser gehst.

SPANNENDE SIDEFACTS

Wenn dein Körper dich »ausschaltet«, wie bei Erschöpfung, Kehlkopfentzündungen oder Panikattacken, dann ist das kein Zufall – sondern ein Schutzmechanismus. Unser Nervensystem versucht, uns durch sogenannte Shutdown-Reaktionen zu regulieren, wenn wir über längere Zeit über unsere Grenzen hinweggehen. Chronischer Stress, emotionale Unterdrückung oder ständiges Funktionieren ohne echte Pausen führen dazu, dass dein Körper irgendwann auf Notbetrieb schaltet. Dieser Modus bringt Symptome wie:

- *emotionale Leere*
- *völlige Erschöpfung*
- *körperliche Schmerzen ohne eindeutige Ursache*
- *Rückzug, Apathie oder das Gefühl, »nicht mehr da zu sein«*

Diese körperlichen Reaktionen sind keine Schwäche, sondern ein Hinweis deines Systems: »So geht es nicht mehr weiter.« Wenn du diesen Warnruf ernst nimmst und beginnst, deine wahren Gefühle zu spüren und zu kommunizieren, aktivierst du eine neue Form von innerer Sicherheit – die Grundlage für echte Heilung. Verbindung heilt. Funktionieren schützt nur kurzfristig.

Zusammenfassung

- *Du musst nicht mehr funktionieren – du darfst dich selbst spüren.*
- *Dein Körper spricht mit dir, wenn du von dir getrennt bist.*
- *Die Entscheidung, zu fühlen, beginnt oft mit einem Satz, einem Gespräch, einem ehrlichen Moment.*
- *Anpassung oder Autonomie waren einmal überlebenswichtig – heute kannst du neue Wege gehen.*
- *Wirkliche Verbindung beginnt dort, wo du dich mit dem zeigst, was in dir lebt.*

REFLEXIONSFRAGEN

- Wie oft hast du »gut« gesagt, obwohl du ganz anders gefühlt hast?
- Wann hat dir dein Körper zum ersten Mal ein klares »Stopp« signalisiert?
- Hast du als Kind eher angepasst oder autonom reagiert?
- War Gefühle zeigen für dich früher sicher – oder riskant?
- Was würde sich verändern, wenn du beginnst, ehrlich über dein Inneres zu sprechen – erst mit dir selbst?

DAS KANNST DU JETZT TUN

- Schreibe einen Brief an dich selbst: Warum trittst du diese Reise an?
- Setze einen Startpunkt: Überlege dir ein kleines Ritual, das symbolisiert, dass du jetzt beginnst (z. B. Kerze, Stein, Musik).

Jetzt, da du dich für die Reise entschieden hast, geht es im nächsten Kapitel darum, wirklich am Strand anzukommen – dort, wo das Land endet und das Wasser beginnt, wo deine alten Geschichten auf das Neue treffen, und wo du zum ersten Mal den feinen Sand deiner eigenen inneren Welt zwischen den Fingern spürst.

Platz für deine Gedanken

Platz für deine Gedanken

Kapitel 3
Die Ankunft am Strand!

ERSTE VERBINDUNG ZU EMOTIONEN

Eines Morgens saß ich still in der Küche. Mein Mann und meine Tochter schliefen noch, ich habe mir einen Kaffee gemacht und den Geruch der frisch gebrühten Tasse genossen. Zum ersten Mal spürte ich in mich hinein und war überrascht. Da war nicht nur Leere. Ich spürte eine Wärme in meiner Brust. Spürte, wie der Kaffee meine Kehle entlangfloss und mein Herz ganz wohlig und warm umhüllte. (Ja, ich liebe Kaffee). Was ich auch noch spürte, war ein leichtes Ziehen im Bauch und ein leichtes Kratzen in meiner Kehle. Zum ersten Mal habe ich nicht sofort versucht, es zu erklären, habe nicht sofort eine Halsschmerztablette genommen. Ich ließ es einfach da sein und in diesem Moment am Morgen fühlte ich mich zum allerersten Mal wieder lebendig. Mir fiel auf, dass ich so lange nichts gefühlt habe. Nicht nur im Innen, sondern auch im Außen nicht. Ich habe nicht wahrgenommen, wie sich das warme Wasser beim Duschen anfühlte, oder das kalte Wasser beim Händewaschen. Ich habe nicht wahrgenommen, wie viele verschiedene Stoffe ich berührte, wenn ich die Wäsche sorgfältig zusammenlegte, ich habe nicht wahrgenommen, wie sich der Spielesand anfühlte, wenn ich mit meiner Tochter in der Sandkiste spielte, ich habe nicht wahrgenommen, ob meine Kleidung zu eng oder zu weit war, ob mir kalt oder warm war, ob ich auf die Toilette musste oder ob ich den Hunger bereits spüren konnte, bevor ich unendliche Bauchschmerzen hatte – ich habe mich nicht wahrgenommen. An diesem Morgen habe ich bemerkt, dass ich eigentlich gar nicht fühlte. Ich fühlte die Emotionen im Inneren nicht, ich fühlte aber auch meinen Körper im Außen nicht. Ich war ständig nur abgelenkt, ständig nur am Arbeiten, am Funktionieren, sodass ich nicht wahrnehmen konnte, wie und was ich fühle.

Die Ankunft am Strand bedeutet, dass du zum ersten Mal im Sand stehst. Dass du den Boden unter dir spürst, den Sand zwischen deinen Zehen. Den Wind, die leichte Meeresbriese und dass du einen ersten zarten Blick auf das Meer wagst. Den ersten Blick auf die Wellen deiner Emotionen. Noch gehst du nicht hinein. Aber du bist schon mal da.

Emotionen verstehen – vom Körper ins Bewusstsein

Emotionen entstehen nicht automatisch – sie werden vom Gehirn konstruiert. Nach neurowissenschaftlicher und psychologischer Forschung entstehen Emotionen nicht einfach »automatisch«, sondern werden tatsächlich vom Gehirn konstruiert. Nach der »Theory of Constructed Emotion«, entwickelt von Lisa Feldman Barrett und anderen Forscherinnen und Forschern, nutzt das Gehirn Konzepte, Erfahrungen und kulturelle Einflüsse, um aus Körperempfindungen und Kontext eine bestimmte Emotion zu erschaffen. Emotionen und Körperwahrnehmung sind also eng miteinander verknüpft. Zahlreiche aktuelle Studien und psychologische Modelle bestätigen, dass das bewusste Spüren des eigenen Körpers – sogenannte Body Awareness oder Interozeption, eine zentrale Voraussetzung für emotionale Klarheit und gesunde Emotionsregulation ist. Das bewusste Spüren des Körpers ist die Grundlage für emotionale Klarheit. Erst wenn wir lernen, unsere körperlichen Empfindungen wahrzunehmen und ihnen Raum zu geben, können wir unsere Gefühle erkennen, verstehen und konstruktiv mit ihnen umgehen. Zahlreiche Studien belegen auch, dass diese Fähigkeit nicht nur das emotionale Wohlbefinden, sondern auch die psychische und körperliche Gesundheit stärkt. Also hier wieder eine Frage an dich: Trinkst du genug Wasser am Tag? Oder erst, wenn dir die Kehle brennt und du merkst, dass du Durst hast? Wann gehst du auf die Toilette? Erst dann, wenn du plötzlich wahrnimmst, dass du dringend musst? Und wie oft zögerst du den Toilettenbesuch dann ebenso noch hinaus, weil »irgendetwas anderes wichtiger ist«? Wann isst du? Dann, wenn dir der Bauch weh tut? Wann legst du dich schlafen? Dann, wenn deine Augen das grelle Licht deines Handys nicht mehr ertragen können und du merkst, dass du müde bist? Denn auch das sind wichtige körperliche Empfindungen, die wir erst einmal wieder lernen müssen, wahrzunehmen.

Der Körper als Tor zur Emotionsklarheit

Jede Emotion geht mit einer körperlichen Reaktion einher. Je intensiver das Gefühl, desto deutlicher sind die körperlichen Signale wie Herzklopfen, Muskelanspannung oder Veränderungen im Atemrhythmus. Diese somatischen Marker sind messbar und bilden die Grundlage dafür, dass wir Emotionen überhaupt wahrnehmen können. Eine aktuelle Studie unter Leitung von Prof. Dr. Markus Quirin (2024) belegt, dass ein ausgeprägtes emotionales Bewusstsein – also die Fähigkeit, eigene Gefühle klar zu erkennen und zu benennen, mit besserer psychischer Gesundheit einhergeht. Menschen mit dieser Fähigkeit sind weniger anfällig für Angststörungen, Depressionen und psychosomatische Beschwerden. Die Studie zeigt auch, dass das Üben der eigenen Emotionswahrnehmung einen wichtigen Beitrag zur eigenen psychischen Gesundheit leisten kann. Die Fähigkeit, körperliche Empfindungen bewusst wahrzunehmen, verbessert nicht nur das emotionale Gleichgewicht, sondern auch die Selbstregulation und den Umgang mit Stress. Meditation, Achtsamkeitsübungen oder Tai-Chi stärken diese Körperwahrnehmung nachweislich. Studien zeigen, dass emotionale Kompetenzen wie Aufmerksamkeit, Körperwahrnehmung, Klarheit und Verständnis entscheidend für die Modifikation und Akzeptanz von Emotionen sind. Insbesondere Klarheit, also das präzise Erkennen und Einordnen von Gefühlen, vermittelt die stärksten positiven Effekte auf den Umgang mit Emotionen. António Damásio und andere Emotionsforscher konnten mittels spannender Verfahren zeigen, dass Emotionen zunächst unbewusst im limbischen System entstehen und erst durch die Aktivierung der Hirnrinde ins Bewusstsein gelangen. Erst dann können wir sie reflektieren, verstehen und gezielt beeinflussen. Emotionen, Nervensystem und Körper stehen also in direkter Wechselwirkung. Was wir nicht ausdrücken, speichert sich und wird oft zu einer Welle im Inneren. Was wir nicht beachten, wird lauter, bis wir es beachten. Emotionen sind Informationen, keine Schwäche. Das Nervensystem kann neue Wege lernen und jedes Kapitel dieses Buches bringt dich Näher zu deinem inneren Meer – und dir selbst.

> Der Körper ist das erste Zuhause deiner Gefühle. Wer beginnt, ihn wieder zu bewohnen, findet den Weg zurück zu sich selbst.

Der Funktionsmodus als Lebensretter

Der Funktionsmodus ist wie eine lange Überfahrt auf offener See, bei der du das Steuer fest umklammert hältst und Tag für Tag denselben Kurs fährst. Du kennst jede Bewegung, jede Drehung des Rads, jedes Signal am Horizont – und nach außen wirkt es, als hättest du alles unter Kontrolle. Dein Schiff läuft, die Segel sind gesetzt, die Route klar. Doch während du scheinbar souverän durch die Wellen navigierst, hast du längst aufgehört, den Blick schweifen zu lassen. Du spürst nicht mehr den warmen Wind, der über das Deck streicht, du hörst nicht mehr das sanfte Glucksen des Wassers am Rumpf, du bemerkst nicht mehr, wie sich das Licht auf der Meeresoberfläche verändert. Du bist so sehr damit beschäftigt, das Schiff am Laufen zu halten, dass du vergessen hast, warum du überhaupt hinausgefahren bist.

Dieses ständige Steuern ohne innezuhalten ist der Kern des Funktionsmodus. Er ist ein psychologischer Zustand, in dem du im Alltag alles erledigst, was getan werden muss – manchmal sogar mit Präzision, Freundlichkeit und scheinbarer Leichtigkeit – und dabei dennoch innerlich wie auf Autopilot läufst. Du bist handlungsfähig, du reagierst, du machst. Aber du bist nicht wirklich da. Es ist, als würdest du die Kommandos ausführen, ohne die Reise selbst zu erleben. Du funktionierst, doch du fühlst nicht.

Oft spürst du dich in diesem Zustand kaum noch: Die Verbindung zu deinem eigenen Körper, zu deinen Gefühlen und Bedürfnissen wird leiser, bis sie fast ganz verschwindet. Du bewegst dich durch deinen Tag wie ein Steuermann, der starr nach vorne blickt, um den Kurs zu halten, und dabei das Leben links und rechts der Route nicht mehr wahrnimmt. Manchmal fühlt es sich sogar an, als wärst du eingefroren – nicht sichtbar von außen, aber innerlich wie festgehalten in einer Mischung aus Anspannung und Starre. Dieser »Functional Freeze« ist ein Schutzmechanismus deines Nervensystems: Es fährt alles herunter, was nicht unbedingt gebraucht wird, damit du weitermachen kannst. Das Herz pocht vielleicht schneller, die Schultern sind angespannt, aber du merkst es kaum – dein Fokus liegt ganz auf dem Durchhalten.

Der Funktionsmodus ist meist nicht etwas, für das du dich bewusst entscheidest. Er ist eine Überlebensstrategie, die tief in dir verankert ist. Vielleicht hast du schon als Kind gelernt, dass Fühlen riskant ist – dass es sicherer ist, zu funktionieren, dich anzupassen, Leistung zu erbringen, anstatt zu zeigen, wie es dir wirklich geht. Vielleicht gab es in deiner Vergangenheit Momente, in denen dein authentisches Empfinden nicht willkommen war, in denen du dich zurücknehmen, deine Tränen herunterschlucken oder deine Wut verstecken musstest, um keine Ablehnung oder Strafe zu erfahren. Dein Körper und dein Geist haben damals gelernt: »Funktionieren ist sicher. Fühlen ist gefährlich.«

Das Problem: Der Funktionsmodus ist wie ein Kurs, den du irgendwann eingeschlagen und dann nie wieder hinterfragt hast. Er bringt dich durch stürmische Zeiten, ja, er hat dir vielleicht sogar das Leben leichter gemacht, als die See rau war. Aber wenn du zu lange in diesem Modus bleibst, beginnt er, dich von dir selbst zu trennen. Du merkst nicht mehr, wann du müde bist, wann du etwas brauchst, wann du eigentlich anlegen und ausruhen solltest. Erst wenn dein Körper Symptome entwickelt – Erschöpfung, Schmerzen, Gereiztheit, emotionale Ausbrüche – oder eine Krise dich zwingt, innezuhalten, bemerkst du, wie lange du schon im Dauerbetrieb warst.

Langfristig raubt dir der Funktionsmodus deine Lebendigkeit. Du bist weniger kreativ, weniger neugierig, weniger verbunden – mit dir selbst und mit anderen. Du lebst mehr im Kopf als im Körper, mehr in Listen und Plänen als in Erlebnissen und Momenten. Und während das Meer um dich herum in all seinen Farben, Wellen und Stimmungen weiter existiert, siehst du davon immer weniger.

Der Ausstieg aus diesem Modus fühlt sich an, als würdest du zum ersten Mal seit langer Zeit den Anker werfen. Du legst das Steuer beiseite, lässt die Hände ins Wasser gleiten, spürst, wie kühl und lebendig es ist. Du atmest tief durch, spürst deine Schultern sinken und langsam kehrt das Gefühl zurück, dass du nicht nur der Kapitän deines Schiffes bist – sondern auch ein Reisender auf dieser Fahrt. Du beginnst, die Geräusche, Gerüche und Bewegungen um dich herum wieder wahrzunehmen. Du erlaubst dir, für einen Moment einfach da zu sein, ohne etwas zu leisten, zu optimieren oder zu kontrollieren.

Denn nicht das perfekte Halten des Kurses macht dich lebendig, sondern die Augenblicke, in denen du dich wieder spürst – die kleinen Pausen, die ehrliche Selbstbeobachtung, das bewusste Atmen. Es sind diese Momente, in denen du vom bloßen Funktionieren ins echte Erleben wechselst. Und vielleicht merkst du dann, dass das Meer um dich herum noch immer da ist – bereit, dich zu tragen, wenn du es zulässt.

Vielleicht hast du dich beim Lesen in diesem Bild wiedererkannt – das Schiff, das scheinbar zuverlässig seinen Kurs hält, während der Mensch am Steuer innerlich immer starrer wird. Genau hier setzt der wissenschaftliche Blick an: Was wir umgangssprachlich »nur noch funktionieren« nennen, beschreibt in der Psychologie und Neurobiologie einen Zustand, den wir als Funktionsmodus oder – wenn er mit innerer Erstarrung einhergeht – als Functional Freeze bezeichnen. In diesem Zustand übernimmt dein autonomes Nervensystem das Kommando: Es hält dich handlungsfähig, blendet aber Gefühle, Körpersignale und innere Bedürfnisse aus, weil es sie im Moment als potenziell störend oder sogar gefährlich einstuft. Funktionieren wird so zu einer Form des Selbstschutzes – und gleichzeitig zu einer Barriere, die dich vom echten Erleben trennt. Um zu verstehen, wie dieser Modus entsteht und warum er so schwer zu verlassen ist, lohnt sich ein Blick auf die biologischen Mechanismen, die hinter ihm wirken.

Warum wir im Funktionsmodus stecken bleiben – und wie wir herausfinden

Der Funktionsmodus ist im Kern eine Reaktion deines autonomen Nervensystems, das ständig – oft unbemerkt – deine innere und äußere Sicherheit bewertet. In Stress- oder Gefahrensituationen aktiviert es über uralte biologische Programme automatische Überlebensstrategien: Kampf, Flucht oder Erstarrung. Wenn weder Kämpfen noch Fliehen möglich oder »erlaubt« erscheinen, greift dein System häufig zu einer Mischform: äußerlich weiter funktionieren, innerlich jedoch in eine Art Teil-Erstarrung gehen. In der Fachsprache nennen wir das Functional Freeze – eine Verbindung aus Anspannung (Sympathikus) und gleichzeitiger innerer Dämpfung (dorsaler Vagus), die dich handlungsfähig bleiben lässt, während deine Emotionen und Körperempfindungen wie in Watte gepackt werden.

Das Faszinierende – und zugleich Tückische – daran: Von außen wirkt dieser Zustand oft hoch leistungsfähig. Du stehst auf, gehst zur Arbeit, kümmerst dich um Kinder, erledigst, was zu erledigen ist. Du lächelst vielleicht sogar, führst Gespräche, funktionierst – und bemerkst selbst kaum, dass du innerlich auf Sparflamme läufst. Das Nervensystem hat in diesem Modus die Priorität verschoben: Es hält dich am Steuer, blendet aber all das aus, was in der aktuellen Lage nicht unmittelbar nötig erscheint, um den »Kurs« zu halten. Gefühle, Bedürfnisse und Selbstwahrnehmung rutschen nach hinten, weil sie Energie kosten oder dich verletzlich machen könnten.

Diese Reaktionsweise ist in akuten Krisen wertvoll – sie kann dich durch schwere Zeiten bringen, dich schützen, wenn zu viel auf einmal auf dich einstürmt. Doch sie ist nicht als Dauerzustand gedacht. Bleibt dein Nervensystem zu lange im Funktionsmodus, verliert es die Flexibilität, zwischen Aktivität, Ruhe und emotionaler Tiefe hin- und herzuschalten. Das Ergebnis ist oft eine schleichende Dysregulation: Erschöpfung, innere Taubheit, Gereiztheit, psychosomatische Beschwerden oder plötzliche emotionale Ausbrüche sind die Signale, dass der Körper nicht mehr nur »den Kurs hält«, sondern um Rettung ruft.

Besonders häufig entwickeln Menschen diesen Modus, wenn sie schon früh im Leben erfahren haben, dass ihr authentisches Empfinden nicht willkommen war. Kinder, die gelernt haben, dass Tränen, Wut oder Rückzug zu Strafe, Ablehnung oder Liebesentzug führen, entwickeln oft die Überzeugung, dass es sicherer ist, die eigenen Gefühle zu unterdrücken und stattdessen zu funktionieren. Das Nervensystem verknüpft dann Fühlen mit Gefahr – und Funktionieren mit Sicherheit. So wird der Funktionsmodus nicht nur eine akute Stressreaktion, sondern ein fest verankerter Lebensstil.

Der Weg aus diesem Zustand beginnt nicht mit »mehr Anstrengung« oder »besserer Selbstorganisation« – im Gegenteil. Er beginnt mit der bewussten Wiederverbindung: den eigenen Körper wahrnehmen, innehalten, atmen, sich selbst zuhören. Das ist, als würdest du auf deinem Schiff nicht nur den Kurs prüfen, sondern dich auch wieder an Deck stellen, den Blick zum Horizont heben und die Sonne auf der Haut spüren. Dein Nervensystem lernt dann Schritt für Schritt, dass es sicher ist, das Steuer auch einmal loszulassen, anstatt es immer nur krampfhaft festzuhalten – und dass es dir erlaubt ist, die Reise zu genießen.

Und vielleicht ist genau das der entscheidende Moment: Wenn du merkst, dass du das Steuer nicht mehr krampfhaft umklammern musst, dass du für einen Augenblick die Hände ins Wasser tauchen kannst – und dabei zum ersten Mal seit Langem spürst, wie kühl, lebendig und echt es sich anfühlt. Es ist der erste Kontakt mit dem Meer deiner eigenen Emotionen und er kann dich überraschen, überwältigen oder tief berühren. Doch genau dort, wo du dich vom bloßen Funktionieren ins Fühlen wagst, beginnt die Reise zu dem, was unter der glatten Oberfläche verborgen liegt – deinen Bedürfnissen, die wie leuchtende Muscheln am Grund auf dich warten.

SPANNENDE SIDEFACTS: DEIN KÖRPER SPRICHT ZUERST

Bevor wir bewusst denken: »Ich bin traurig« oder »Ich bin gestresst«, hat unser Körper längst reagiert. Emotionen entstehen nicht einfach im Kopf – sie beginnen im Körper. Das Gehirn konstruiert Emotionen, aber die Grundlage dafür sind die körperlichen Signale, die du als Interozeption wahrnimmst. Interozeption ist die Fähigkeit, innere Signale wie Herzklopfen, Enge, Zittern oder Wärme wahrzunehmen. Studien zeigen, dass Menschen mit einer gut entwickelten Körperwahrnehmung emotional stabiler sind, ein stärkeres Selbstmitgefühl aufbauen und resilienter mit Stress umgehen können. Die bewusste Wahrnehmung körperlicher Empfindungen – etwa während eines Spaziergangs, beim Trinken eines warmen Getränks oder in Momenten der Stille – bildet die Grundlage für emotionale Klarheit. Je besser wir spüren, desto besser verstehen wir, was wir fühlen. Erst wenn diese somatischen Marker (also körperlichen Signale) bewusst erkannt wer-

den, kann das Gehirn die emotionale Erfahrung einordnen, verarbeiten und integrieren. Emotionale Klarheit ist somit kein kognitiver Akt, sondern eine Verbindung von Körper, Gehirn und Nervensystem. Wenn du lernst, deinem Körper zuzuhören, erkennst du nicht nur frühzeitig, was du brauchst, sondern stärkst auch langfristig deine emotionale Selbstregulation. Was wir nicht spüren, können wir nicht regulieren. Und was wir nicht regulieren, kann sich aufstauen – und wird oft zur Welle im Inneren. Emotionale Selbstverbindung beginnt mit Körperbewusstsein.

Zusammenfassung

- Gefühle beginnen im Körper – nicht erst »im Kopf«.
- Das Gehirn konstruiert Emotionen aus deinen Körpersignalen und deiner Erfahrung.
- Interozeption heißt: Du spürst innere Veränderungen, bevor du deine Emotionen benennen kannst.
- Wer seinen Körper bewusst wahrnimmt, entwickelt mehr emotionale Klarheit, Resilienz und Selbstregulation.
- Emotionen sind keine Schwäche, sondern wertvolle Informationen – und du kannst lernen, sie willkommen zu heißen.

REFLEXIONSFRAGEN

- Wann hast du das letzte Mal bewusst gespürt, wie sich dein Körper anfühlt? (Beim Duschen, Trinken, Gehen, Berühren?)
- Welche Signale nimmst du wahr – und welche übersiehst du oft?
- Wie oft versuchst du, Unwohlsein sofort zu beheben oder zu erklären, statt es kurz einfach da sein zu lassen?
- Was passiert, wenn du für einen Moment still wirst und nach innen spürst? Welche Empfindungen tauchen auf?
- Wie gehst du mit Emotionen um, die du körperlich fühlst, aber noch nicht benennen kannst?
- Welche kleinen »Anchor-Momente« könntest du in deinen Alltag einbauen, um die Verbindung zu dir zu fördern?

DAS KANNST DU JETZT TUN

- Atemübung für Erdung: Atme langsam ein, spüre den Kontakt deiner Füße zum Boden, atme aus und lass alle Schwere in den Boden sinken.
- Sinnesschärfung: Nimm heute bewusst drei Geräusche, drei Gerüche und drei Berührungen wahr.
- Reflektiere: Wo in deinem Körper spürst du heute Ruhe – und wo Spannung?

Nachdem deine Füße nun festen Kontakt mit dem warmen Sand gefunden haben, werden wir im nächsten Kapitel gemeinsam den ersten Schritt ins Wasser wagen – dorthin, wo du die Kraft und vielleicht auch den Respekt vor den Wellen zum ersten Mal körperlich spürst.

Wie fühlst du dich heute?

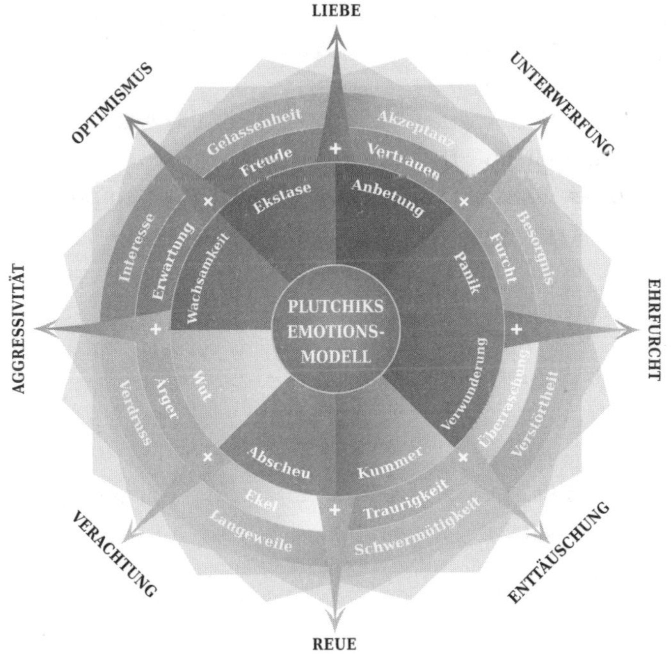

Platz für deine Gedanken

Platz für deine Gedanken

Kapitel 4
Der erste Kontakt mit dem Wasser

GEFÜHLE ZULASSEN

Als mich zum ersten Mal die Welle meiner Emotionen getroffen hat, wusste ich nicht, was das eigentlich zu bedeuten hat. Natürlich habe ich für mich mit der Zeit erkannt, dass es wichtig ist, Gefühle zu fühlen und nicht zu unterdrücken, aber was ich für eine lange Zeit nicht wusste, war, was mir meine Emotionen, diese großen Wellen, eigentlich sagen wollten. Ich bin im Laufe meiner Selbstentwicklung auf das Thema Bedürfnisse gestoßen und habe verstanden, dass jede Emotion auf ein unerfülltes Bedürfnis aufmerksam macht. So habe ich auch erkannt, dass keine Emotion »gut« oder »schlecht« ist, (auch das ist wieder nur eine Konditionierung), sondern habe vor allem verstanden, dass ich, weil ich nie auf meine Emotionen gehört habe, auch meine eigenen Bedürfnisse nicht erfüllt habe. Mein Körper musste also laut werden, damit ich endlich erkenne, was ich brauche. Die Frage »was brauche ich gerade« oder »was brauche ich heute« ist seitdem beständiger Teil meines Alltags, denn ich habe erkannt, dass immer, wenn ich mich bewusst frage, was ich gerade brauche, ich einen Zugang zu mir schaffe. Ich verbinde mich dadurch mit mir und meinen Körper und höre ganz genau hin, welches Bedürfnis denn gerade erfüllt werden möchte.

Die vier essenziellen Grundbedürfnisse

Jetzt ist es so, dass wir als Kinder oftmals bestimmte Bedürfnisse erfüllt bekommen und andere nicht. In der Psychologie spricht man von vier essenziellen Grundbedürfnissen, die ein Mensch hat. Grundbedürfnisse sind zentrale Voraussetzungen für das menschliche Wohlbefinden, die Motivation und die psychische Gesundheit. Es gibt psychologische und physiologische Grundbedürfnisse und im Laufe der Jahre wurden mittels Studien unzählige Modelle zu Bedürfnissen aufgestellt.

Physiologische Grundbedürfnisse sind zum Beispiel Wasser, Nahrung, Schlaf, Luft und körperliche Gesundheit. Auch das war in meiner Entwicklung ein Schlüsselfaktor für mich, denn ich habe zum Beispiel ganz lange meinen Hunger erst dann wahrgenommen, wenn mir übel wurde und ich Bauchkrämpfe hatte. Auch in meinen Jobs habe ich immer wieder das Bedürfnis eines Toilettengangs hintenangestellt, denn ich »hatte ja keine Zeit«. Was du hierbei aber unbedingt wissen musst, ist: Genau das ist eine »Gefahr«, die dein Körper verspürt und die dein Nervensystem in einen Alarmzustand versetzt. Wenn du keine gute Schlafqualität hast, dich nicht gut ernährst bzw. dich zu wenig ernährst, nicht genug trinkst, nie an die frische Luft gehst, dich nicht bewegst und nicht auf deine körperliche Gesundheit achtest, kann das enorme Auswirkungen auf dein Nervensystem und auch auf deine psychische Gesundheit haben. Körper, Geist und Seele arbeiten in einem ständigen Austausch miteinander.

Psychologische Grundbedürfnisse

Zeitgleich haben wir auch psychologische Grundbedürfnisse, die wir keinesfalls außer Acht lassen dürfen. Hier sind die vier wichtigsten Grundbedürfnisse: das Bedürfnis nach Bindung, das Bedürfnis nach Autonomie, das nach Selbstwerterhöhung und das nach Lustgewinn bzw. Unlustvermeidung.

Hier ein kleiner Überblick, was diese vier Grundbedürfnisse bedeuten:

Das Bedürfnis nach Bindung

Das Bedürfnis nach Bindung ist das zentralste Grundbedürfnis eines Menschen. Viele Forscher behaupten sogar, dass unser Nervensystem immer nach dem Bedürfnis nach Bindung strebt. Ist Bindung gegeben, fühlen wir uns sicher, und wie du noch weißt: Unser Nervensystem hat die Hauptaufgabe, uns in Sicherheit zu bringen. Besonders für Säuglinge ist das Bedürfnis nach Bindung überlebensnotwendig. Emotionale Zuwendung, Schutz, Nahrung – das alles erhalten wir als Kinder nur durch die Bindung zu unseren Bezugspersonen. Unsere Bindungserfahrungen im frühkindlichen Alter prägen, wie wir später mit Beziehungen und Bindung umgehen. Sichere Bindungen fördern die eigene Resilienz, die eigene emotionale Stabilität und den Umgang mit schwierigen Situationen. Doch nicht jeder Mensch erfährt eine sichere Bindung. Die Bindungsforschung unterscheidet vier grundlegende Bindungstypen, die ich dir weiter unten nochmal genauer anführe.

Das Bedürfnis nach Autonomie

Vielleicht hast du schon einmal ein Kind »Ich will das alleine machen!« rufen gehört – dahinter steht das Bedürfnis nach Autonomie, welches ebenso wichtig ist wie das Bedürfnis nach Bindung. Das Bedürfnis nach Autonomie beschreibt das Streben danach, das eigene Leben selbstbestimmt zu leben, die eigenen Entscheidungen zu treffen, Verantwortung für das eigene Handeln zu tragen und das Leben nach den eigenen Interessen und Werten gestalten zu können – quasi der Autor bzw. die Autorin des eigenen Lebens zu sein. Die Förderung von Autonomie, sprich die Förderung der eigenen Selbstwirksamkeit, die eigenen Ziele verfolgen zu dürfen, Dinge selbst und allein machen und entscheiden zu dürfen, ist die Basis für Motivation, psychische Gesundheit und persönliches Wachstum. Wer Autonomie erlebt, fühlt sich lebendig, handlungsfähig und authentisch – und kann das eigene Leben aktiv gestalten. Wird Autonomie unterdrückt, durch enorme Kontrolle der Eltern oder dem vermittelten Gefühl, dass man »alleine eh nichts kann« oder ein »Ohne mich bist du nichts«-Gefühl, kann dies Auswirkungen auf die psychische Gesundheit haben.

Das Bedürfnis nach Selbstwerterhöhung

Das Bedürfnis der Selbstwerterhöhung ist dafür da, sich selbst als wertvoll zu empfinden. Man möchte ein positives Selbstbild haben und sich selbst als liebenswert und bedeutungsvoll erfahren. Dieses Bedürfnis umfasst sowohl die Selbstachtung (innere Bewertung) als auch das Streben nach Wertschätzung und Anerkennung durch andere. Auch die Erfüllung dieses Grundbedürfnisses trägt maßgeblich zu einem erfüllten Leben und einer guten psychischen Gesundheit bei. Studien zeigen, dass Menschen, deren Bedürfnis nach Selbstwerterhöhung regelmäßig erfüllt wird – etwa durch Anerkennung, Bestätigung und Erfolgserlebnisse – ein höheres Selbstwertgefühl, mehr Resilienz und größere Lebenszufriedenheit entwickeln, während ein Mangel daran das Risiko für psychische Probleme wie Depressionen, soziale Ängste oder ein instabiles Selbstwertgefühl deutlich erhöht. Menschen, die das Bedürfnis nach Selbstwert befriedigen wollen, streben meistens nach Erfolgserlebnissen, um ihre eigene Kompetenz und ihren Wert damit zu stärken. Oftmals geht es bei diesem Bedürfnis aber auch viel um die Anerkennung von außen, denn auch die Wertschätzung von anderen, Lob und Anerkennung stärken unseren Selbstwert. Auch seine eigenen Fehler einzugestehen und dadurch neue Erkenntnisse zu erlangen, und ebenso der Vergleich mit anderen (egal ob positiv oder negativ) wirkt sich auf unseren Selbstwert aus. Wurde das Bedürfnis nach Selbstwerterhöhung nicht ausreichend befriedigt bzw. kontinuierlich vernachlässigt, zeigt sich das später gerne in extremem Ehrgeiz oder Perfektionismus, der aus einem Minderwertigkeitsgefühl heraus entstehen kann.

Das Bedürfnis nach Lustgewinn bzw. Unlustvermeidung

Dieses Bedürfnis beschreibt das Streben danach, unser Leben so zu gestalten, dass es uns Spaß macht. Positive, angenehme, erfreuliche Erfahrungen wie Freude, Genuss, Neugier und Begeisterung sind hier ein Lustgewinn. Unlustvermeidung bedeutet, die Dinge, die einem im Leben weniger Spaß machen, zu vermeiden. Also negative, unangenehme oder schmerzhafte Erfahrungen wie Angst, Schmerz, Enttäuschung oder Frustration. Als Kinder müssen wir allerdings lernen, eine gewissen Frustrationstoleranz zu erfahren, denn wir alle werden im Leben Situationen begegnen, die uns weniger Spaß machen und die wir trotzdem erledigen müssen. Das spannende an diesem Bedürfnis ist, dass Lust und Unlust von völlig verschiedenen Kontexten und Prägungen abhängig und bei jedem Menschen individuell sind. So macht mir mein Haushalt z. B. Spaß, meine beste Freundin aber hasst Haushalt. Ich hingegen konnte mich als Kind nie mit dem Schulfach Mathematik anfreunden, andere Kinder aus meiner Klasse hatten Spaß an den Hausaufgaben. Eine ausgewogene Balance zwischen Lustgewinn und Unlustvermeidung ist also wichtig für Motivation, Lebensfreude und psychische Gesundheit. Ist z. B. der Lustgewinn dauerhaft frustriert und in deinem Leben finden wenig lustvolle Momente, Erfolgserlebnisse, Freude, Genuss und Begeisterung statt, kann das dazu führen, dass du Langeweile, Antriebslosigkeit, Überlastung und negative Emotionen stark fühlst. Ist aber die Unlustvermeidung zu stark ausgeprägt, sprich du musst nie an deine Frustrationstoleranz kommen, kann es sein, dass dir Disziplin schwerfällt, du eher impulsiv bist und dich ständig für etwas belohnen musst, um dich gut zu fühlen. Es ist also essenziell, zu lernen, wie du mit Frustration umgehen kannst – das Ziel ist nicht, die Frustration zu vermeiden. So kannst du ein gutes Gespür dafür entwickeln, was dir Spaß macht und was nicht, und eine schöne Balance für diese beiden Bedürfnisse in dein Leben integrieren.

Jedes Mal, wenn du deine Bedürfnisse vernachlässigst oder deine eigenen Grenzen nicht respektierst, steckt dahinter ein kleines Kind, das nie gelernt hat, für sich selbst einzustehen und sich selbst zu priorisieren. Vielleicht wurde dir als Kind nicht beigebracht, deine eigenen Bedürfnisse zu erkennen und zu kommunizieren, und deshalb fällt es dir schwer, in stressigen Situationen für dich selbst einzutreten und bei dir zu bleiben.

Der Bedürfnis-Akku im Alltag

Nun kennst du also die vier wichtigsten Grundbedürfnisse und die vier Bindungstypen und ab heute darfst du einmal beobachten, wie du dir diese Bedürfnisse im Alltag erfüllst. Auch bei deinen Kindern darfst du bewusst wahrnehmen, wann welches Bedürfnis auftaucht und ob dieses Bedürfnis erfüllt werden kann oder nicht. Fakt ist: Diese vier Grundbedürfnisse können nicht immer alle ständig erfüllt sein. Ich betrachte diese Bedürfnisse ein wenig wie das Akku-Emoticon vom iPhone. Situationen und Dinge, die diese Bedürfnisse erfüllen, füllen auch den Akku auf und dann hält er auch eine Zeit lang. Natürlich ist der Akku manchmal auf 100 Prozent geladen, das sind dann die Momente, in denen du dich stark, großartig, geliebt fühlst und wahre Freude verspürst. Manchmal ist der Bedürfnis-Akku aber auch nur zu 50 Prozent voll – und auch das ist okay, denn auch mit 50 Prozent Akku funktionieren wir. Wir dürfen beginnen, wahrzunehmen, wie voll welcher Akku ist, und den Fokus darauflegen, immer mal wieder den Akku aufzuladen. Vor allem Eltern dürfen lernen, dass der Akku ihrer Kinder nicht ständig zu 100 Prozent voll sein muss – denn auch das steigert ebenso die Frustrationstoleranz und das ist wichtig. Wir können unsere Kinder nicht für immer behüten und beschützen, wir müssen ihnen beibringen, wie sie diese Bedürfnisse spüren und selbst erfüllen können. Und das schaffen wir am besten dann, wenn wir selbst vor allem auch unsere Bedürfnisse wahrnehmen und uns nicht völlig für andere aufopfern. Denn ich sag es dir ganz ehrlich: Ich kann nur dann eine gute, regulierte Mama sein, wenn auch meine Akkus aufgeladen sind – nicht nur die meines Kindes.

> Hinter jedem Gefühl liegt ein Bedürfnis. Wer beginnt, seine Emotionen zu verstehen, lernt, sich selbst zu nähren – nicht zu überfordern.

Warum es so schwer ist, Bedürfnisse zu spüren

Vielleicht fragst du dich jetzt, warum dir dieses Wahrnehmen deiner Bedürfnisse manchmal so schwerfällt. Oder warum es dir oft erst auffällt, wenn dein innerer Akku schon fast leer ist. Die Antwort darauf liegt – wie so oft – in deiner eigenen Geschichte. Denn viele von uns haben in ihrer Kindheit nicht gelernt, ihre Bedürfnisse zu spüren, geschweige denn sie klar auszudrücken oder erfüllen zu dürfen. Stattdessen haben wir gelernt: »Jetzt sei nicht so empfindlich.« »Du brauchst doch nicht traurig sein.« »Reiß dich zusammen.« Was wir daraus mitgenommen haben, war nicht: *Ich habe Bedürfnisse.*

Sondern: *Mit mir ist etwas nicht okay, wenn ich etwas brauche.* Das bedeutet: Unser Nervensystem hat gelernt, bestimmte Bedürfnisse als »nicht erlaubt« oder sogar »gefährlich« abzuspeichern – vor allem dann, wenn Nähe, Schutz, Anerkennung oder Autonomie nicht zuverlässig beantwortet wurden. Wenn wir z. B. für unsere Wut ignoriert, für unsere Traurigkeit ausgelacht oder für unseren Wunsch nach Nähe beschämt wurden, dann lernt unser System: *Es ist sicherer, meine Bedürfnisse zu unterdrücken, als damit die Verbindung zu riskieren.* Und so verlieren wir nach und nach das feine Gespür für das, was wir eigentlich brauchen. Wir spüren nur noch: Ich bin erschöpft. – Ich bin gereizt. – Ich will allein sein.

Oder: Ich fühle gar nichts.

Aber darunter liegt meist ein unerfülltes Grundbedürfnis – nach Ruhe, Nähe, Anerkennung oder Selbstbestimmung. Heute als Erwachsene dürfen wir uns neu mit diesen inneren Akkus verbinden – und lernen, was uns wirklich nährt. Nicht durch Leistung. Nicht durch Aufopferung. Sondern durch ehrliches Spüren.

Sichere Bindung als Schlüssel

Ich habe dir oben erzählt, wie wichtig sichere Bindungen für uns und unser Nervensystem sind. Wenn wir unsere Bedürfnisse spüren, sie ausdrücken und diese dann auch noch gehalten und verstanden werden, können wir uns wieder sicher fühlen. Ich möchte hier nochmals die vier verschiedenen Bindungstypen, die wir aus vergangenen Erfahrungen entwickeln, näher ausführen:

1. Sichere Bindung – Vertrauen als Fundament

Ein Kind, das eine sichere Bindung erlebt, weiß tief in sich: »Ich werde gesehen, gehört und ernst genommen.« Es spürt, dass seine Bezugsperson zuverlässig reagiert, wenn es unsicher ist. Es darf Nähe suchen, sich beruhigen lassen – und findet danach den Mut, wieder neugierig die Welt zu erkunden. Als Erwachsener trägt ein Mensch mit sicherer Bindung dieses innere Vertrauen in sich. Nähe fühlt sich sicher an, Autonomie ebenso. Beziehungen werden als stabile, verlässliche Verbindungen erlebt, in denen Gefühle offen gezeigt und reguliert werden können. Diese Menschen verfügen meist über eine hohe Resilienz – nicht, weil sie keine Herausforderungen kennen, sondern weil sie wissen, wie man in Verbindung bleibt, auch wenn es schwierig wird.

Dieses Muster entsteht vor allem dann, wenn Bezugspersonen feinfühlig und präsent sind, Signale des Kindes wahrnehmen, darauf eingehen und mit liebevoller Klarheit Halt geben.

2. Unsicher-vermeidende Bindung

Ein Kind mit unsicher-vermeidender Bindung zeigt nach außen oft wenig Gefühle. Es beschäftigt sich viel allein, sucht bei der Rückkehr der Bezugsperson kaum Nähe. Nicht, weil es sie nicht vermisst hat – sondern weil es gelernt hat, dass Nähe nicht immer sicher ist. Es schützt sich still, indem es seine Bedürfnisse zurückhält.

Im Erwachsenenalter zeigt sich das oft in einem starken Bedürfnis nach Unabhängigkeit. Nähe kann als einengend empfunden werden, Gefühle werden eher unterdrückt. Beziehungen bleiben häufig auf einer gewissen Distanz.

Dieses Bindungsmuster entwickelt sich vor allem dann, wenn Bedürfnisse und Gefühle regelmäßig wenig Beachtung finden. Das Kind lernt: »Ich muss mich selbst regulieren und darf nicht zu viel brauchen.« Ein Schutz, der damals klug war – und heute oft verhindert, dass echte Nähe entstehen kann.

3. Unsicher-ambivalente Bindung

Ein Kind mit unsicher-ambivalenter Bindung hält oft fest – und stößt zugleich wieder weg. Es sucht die Nähe der Bezugsperson, reagiert auf Trennungen stark, wirkt aber widersprüchlich. Hinter diesem Verhalten steckt eine tiefe Unsicherheit: »Bekomme ich heute, was ich brauche, oder werde ich wieder enttäuscht?«

Als Erwachsener ist dieses Muster oft geprägt von einem großen Bedürfnis nach Bestätigung und einer starken Angst vor Zurückweisung. Es zeigt sich in einem ständigen Wechsel zwischen Nähe und Rückzug, in hoher emotionaler Sensibilität und in dem Gefühl, ständig die Reaktion des anderen lesen und absichern zu müssen.

Entsteht dieses Bindungsmuster, wenn Zuwendung unvorhersehbar ist – mal liebevoll, mal abweisend –, dann lebt im Inneren ein ständiges Abwägen, das extrem viel Energie kostet.

4. Desorganisierte Bindung

Die desorganisierte Bindung ist oft die schmerzhafteste. Ein Kind zeigt hier chaotische Reaktionen: Es sucht Nähe – und wirkt im gleichen Moment ängstlich oder abweisend. Die Person, die Sicherheit geben sollte, ist zugleich Quelle von Angst, Überforderung oder Schmerz.

Im Erwachsenenalter äußert sich dieses Muster häufig in Schwierigkeiten, Gefühle zu regulieren. Nähe kann ebenso Angst auslösen wie Distanz. Beziehungen wirken oft impulsiv, instabil oder von starken Konflikten geprägt.

Dieses Bindungsmuster entsteht häufig als Folge von frühen Angsterfahrungen, Missbrauch oder Traumata. Das Nervensystem ist in einem ständigen inneren Konflikt: Der tiefe Wunsch nach Bindung kollidiert mit dem ebenso tiefen Drang, sich vor Gefahr zu schützen.

Es ist von enormer Wichtigkeit, zu erkennen, welchen Bindungstyp man durch bestimmte kindliche Verhältnisse entwickelt hat. Das Bedürfnis nach Verbindung ist ein grundlegender Baustein unserer menschlichen Entwicklung. Es prägt, wie wir Nähe erleben, wie wir mit Gefühlen umgehen und wie gut wir Belastungen und Krisen bewältigen können. Erleben wir in unserer Kindheit sichere und verlässliche Bindungen, stärkt das unsere seelische Gesundheit und unser inneres Gleichgewicht und das ein Leben lang. Entscheidend ist, dass man als Kind **innerlich weiß**: »Ich bin nicht allein, ich kann mich sicher fühlen, meine Bezugsperson ist verfügbar, wenn ich sie brauche.« Übrigens: Die Bindungsfähigkeit ist lernbar und neue, heilsame Beziehungserfahrungen können dein Bindungssystem Schritt für Schritt umgestalten – unabhängig von früheren Prägungen.

Bindung ist lebendig – und darf sich verändern

Was ich dir auch noch mitgeben möchte, ist, dass Bindungstypen nicht starr oder für immer festgelegt sind. Sie können sich verändern – je nach Lebensphase, Beziehungserfahrung oder sogar je nach Situation und Gefühlslage. Wir alle reagieren nicht immer gleich und das gilt auch für unsere Kinder. Vielleicht kennst du das: Meine eigene Tochter zum Beispiel sucht in Momenten von Wut oder tiefer Traurigkeit manchmal erst einmal keine Nähe. Sie will allein sein, ihren Raum haben, ihren eigenen Weg finden. Und trotzdem weiß ich – und vor allem weiß sie – dass unsere Verbindung sicher ist. Nicht, weil sie in diesem Moment in meinen Armen landet, sondern weil sie spürt, dass ich da bin, verlässlich, präsent und nicht weggehe, egal wie groß oder stürmisch ihre Gefühle gerade sind. Eine sichere Bindung bedeutet also nicht, dass immer sofort Nähe gesucht wird oder dass es keine Rückzugsbewegungen gibt. Sie bedeutet, dass tief im Inneren das Vertrauen gewachsen ist: »Ich bin nicht allein. Wenn ich bereit bin, ist da jemand, der mich hält.«

Wichtige Schritte auf dem Weg zu sicheren Bindungen

Eine sichere Bindung ist nicht nur etwas, das wir in der Kindheit erfahren – sie kann auch im Erwachsenenalter entstehen. Selbst wenn wir mit unsicheren Mustern aufgewachsen sind, können wir lernen, Vertrauen aufzubauen, Nähe zuzulassen und gleichzeitig unsere Eigenständigkeit zu wahren. Dieser Weg braucht Bewusstheit, Geduld und liebevolle Übung. Hier ein paar konkrete Schritte, die du gehen kannst, um sichere Bindungen (wieder) aufzubauen:

1. Selbstreflexion und Selbstwahrnehmung
Nimm dir Zeit, deine bisherigen Beziehungserfahrungen und -muster zu betrachten. Welche Ängste oder automatischen Schutzstrategien treten auf? Welche alten Glaubenssätze tragen vielleicht noch heute zu Unsicherheit oder Bindungsangst bei? Verstehen, woher diese Muster kommen, ist der erste Schritt, um sie zu verändern.

2. Eigene Bedürfnisse ernst nehmen
Erkenne, dass deine Bedürfnisse nach Nähe, Sicherheit, Freiraum oder Autonomie wertvoll und berechtigt sind. Sie klar zu benennen und zu kommunizieren, ist kein Zeichen von Egoismus, sondern von Selbstachtung.

3. Selbstregulation stärken

Ein reguliertes Nervensystem ist die Grundlage für sichere Bindung. Lerne, mit inneren Spannungen und starken Gefühlen umzugehen – zum Beispiel durch achtsames Atmen, sanfte Bewegung, bewusste Pausen oder das kurze Innehalten, bevor du impulsiv reagierst.

4. Vertrauen lernen

Sicherheit in Beziehungen entsteht nicht durch Kontrolle, sondern durch wiederholte, ehrliche und verlässliche Erfahrungen. Erlaube dir, Schritt für Schritt zu erleben, dass Nähe auch ohne Verlust oder Gefahr möglich ist – und dass Fehler und Unsicherheiten dazugehören.

5. Gesunde Grenzen setzen

Sichere Bindung bedeutet nicht, immer verfügbar zu sein. Nähe und Distanz dürfen im Gleichgewicht stehen. Ein klares »Nein« macht ein echtes »Ja« möglich und schützt vor Überforderung.

6. Kommunikationsfähigkeit üben

Sprich deine Gefühle, Wünsche und Sorgen klar und respektvoll aus. Erkenne, dass Konflikte nicht automatisch eine Bedrohung sind, sondern eine Chance, Verständnis und Verbindung zu vertiefen.

7. Neue Beziehungserfahrungen zulassen

Tiefe Veränderungen geschehen oft erst, wenn wir neue, sichere Erfahrungen machen. Suche bewusst Kontakte, die dir Verlässlichkeit, Wärme und Respekt schenken – in Partnerschaften, Freundschaften oder auch im therapeutischen Raum.

Unterstützung auf dem Weg

Manchmal braucht es Begleitung, um alte Muster zu lösen und neue Bindungserfahrungen zuzulassen.

- **Psychotherapie**: Bindungsorientierte Ansätze wie Schematherapie, systemische oder rhaltenstherapeutische Methoden helfen, hinderliche Muster zu erkennen und zu verändern.
- **Körperorientierte Verfahren**: Methoden wie Somatic Experiencing arbeiten direkt mit dem Nervensystem, um alte Anspannungen zu lösen und Selbstregulation zu fördern.
- **Imaginationsarbeit**: Innere Bilder können emotionale Sicherheit aufbauen und die Fähigkeit zu vertrauensvoller Nähe stärken.

Der Weg zu sicheren Bindungen ist ein Prozess, der Zeit, Wiederholung und Nachsicht mit sich selbst erfordert. Du musst ihn nicht perfekt gehen – und nicht allein. Jede bewusste Erfahrung von Ehrlichkeit, Nähe und Selbstfürsorge stärkt dein inneres Gefühl von Sicherheit. Kurz gesagt: Auch wenn deine Bindungserfahrungen in der Kindheit unsicher waren, kannst du heute lernen, sichere Bindungen zu gestalten – Schritt für Schritt, durch Selbstreflexion, neue Erfahrungen und liebevolle Praxis im Alltag.

Du hast die ersten Wellen berührt und vielleicht bemerkt, dass sie manchmal sanft und manchmal ungestüm sind – im nächsten Kapitel wirst du lernen, ihre Sprache zu verstehen und zu erkennen, welche Bedürfnisse sie dir eigentlich mitteilen wollen.

SPANNENDE SIDEFACTS

Wusstest du, dass jede Emotion auf ein unerfülltes Bedürfnis hinweist? Wut entsteht häufig dann, wenn unser Bedürfnis nach Autonomie nicht erfüllt wird. Traurigkeit zeigt sich oft, wenn uns Verbindung fehlt. In der Schematherapie geht man davon aus, dass Frustrationen dieser Grundbedürfnisse die Grundlage vieler innerer Muster bilden – zum Beispiel, wenn du dich überangepasst verhältst, dich zurückziehst oder impulsiv reagierst. Auch neurobiologisch zeigen Studien: Das sogenannte »Social Engagement System« unseres Nervensystems, also unsere Fähigkeit, mit anderen in Verbindung zu gehen, aktiviert sich nur, wenn wir uns sicher fühlen. Erst dann können wir wirklich spüren, was wir brauchen. Bedürfnisse, die in der Kindheit dauerhaft übergangen wurden, verschwinden nicht, sie kehren oft verkleidet zurück. In Form von Perfektionismus, chronischer Erschöpfung, Helfersyndrom oder übermäßiger Kontrolle. Wenn du heute Schwierigkeiten hast, deine Bedürfnisse zu spüren oder ihnen Ausdruck zu verleihen, ist das kein persönliches Versagen. Es ist eine Folge deiner Geschichte und du darfst lernen, dich neu mit ihnen zu verbinden.

Zusammenfassung

- Jede Emotion ist ein Wegweiser zu einem Bedürfnis.
- Die vier Grundbedürfnisse bilden das Fundament seelischer Gesundheit.
- Unser Körper meldet Mangel oft lange vor dem Kopf.
- Bedürfnisse sind nicht »Egoismus«, sondern Selbstfürsorge.
- Dein Bedürfnis-Akku muss nicht voll sein – aber er darf regelmäßig aufgeladen werden.

REFLEXIONSFRAGEN

- Welches deiner Grundbedürfnisse wird aktuell erfüllt – welches vernachlässigt?
- Was spürst du im Körper, wenn ein Bedürfnis leer ist?
- Wie hast du in der Kindheit mit Bedürfnissen umgehen gelernt?
- Wie voll ist dein Bedürfnis-Akku gerade?
- Was möchtest du deinem Kind / inneren Kind über Bedürfnisse mitgeben?
- Welcher Bindungstyp beschreibt dich am besten – und was brauchst du, um eine sicherere Bindung zu leben?

DAS KANNST DU JETZT TUN

- Bedürfnis-Check-in: dreimal täglich fragen: »Was brauche ich gerade?«
- Drei-Gefühle-Notiz: Heute war ich am meisten …
- Mini-Schritt: Eine kleine Handlung heute, um einen leeren Akku aufzuladen

Platz für deine Gedanken

Kapitel 5
Das kalte Wasser aus Hilflosigkeit und Wut

HILFLOSIGKEIT, WUT, TRAUER, GRENZEN, STRESSTOLERANZFENSTER

Die Storys, die ich dir am Anfang jedes Kapitels erzähle, haben etwas Wesentliches gemeinsam: Ich war überfordert. Es gab zwei Momente in meinem Leben, in denen ich nicht mehr ein oder aus wusste und die mich und meine innere Arbeit maßgeblich geprägt haben. Von der ersten Zeit habe ich dir bereits in meinem ersten Buch (Das Universum in mir) *erzählt. Eine Zeit, in der ich in einem toxischen Job durch viele alte Glaubensmuster gefangen war und ich mich und mein Umfeld damit sehr belastet habe. In meinem ersten Buch erzähle ich dir, wie es mir geholfen hat, mein inneres Universum zu entdecken, meinen Selbstwert zu erkennen und alte Muster aufzubrechen. Die zweite Zeit, in der ich überfordert war, begann, als meine Tochter etwa zehn Monate alt war. Ich habe dir bereits am Anfang dieses Buches erzählt, dass ich mich in der Schwangerschaft selbstständig gemacht habe, wir umgezogen sind, unser Haus renoviert haben, ich eben mein besagtes erstes Buch veröffentlicht habe, der Höhepunkt meiner Selbstständigkeit erreicht war und ich völlig überlastet am Flughafen saß und eine Panikattacke hatte. Ich möchte dir davon erzählen, was diese beiden Situationen gemeinsam haben: Ich war so lange Zeit so unfassbar wütend. Ich war nicht nur wütend in meinem damaligen Job oder in dem Moment, als ich am Flughafen saß. Ich war eine viel zu lange Zeit viel zu viel wütend. Ich habe dir in meinem ersten Buch erzählt, dass ich vor Wut mein ganzes Umfeld verlassen, mich völlig zurückgezogen und viele Emotionen in Alkohol ertränkt habe. Später dann, als meine Tochter zur Welt kam, hat eine Zeit lang sie meine Wut abbekommen. Wenn ich an diese Zeit zurückdenke, in der die Einschlafbegleitung teilweise eineinhalb Stunden gedauert hat und ich oftmals wirklich laut zu ihr wurde, stehen mir die Tränen in den Augen, denn ich hätte Folgendes so gerne früher gewusst: Wut ist meistens ein Ausdruck von Hilflosigkeit und tief darunter verborgener Trauer. Und als ich verstanden habe, dass ich meistens dann wütend wurde, laut wurde, mich zurückzog, wenn ich mich völlig hilflos fühlte und nicht mehr weiterwusste, und ich so traurig war, dass da niemand war, der mich begleiten konnte oder mir das Gefühl gab, verstanden zu werden – das hat mein Verständnis für mich und meine Emotionen nochmal auf eine neue Ebene gebracht, für die ich heute unendlich dankbar bin.*

Wut als Ausdruck von Hilflosigkeit

Was ich dir in diesem Kapitel also an neuem Wissen mitgeben möchte, ist: Wut ist (meist) ein Ausdruck von Hilflosigkeit. Wenn Menschen sich ausgeliefert oder ohnmächtig fühlen, kann sich diese Hilflosigkeit in Wut verwandeln. Wut ist dann ein Versuch, Kontrolle zurückzugewinnen oder sich zu schützen, denn die Wut macht uns darauf aufmerksam, das etwas, wie es ist, nicht mehr passt und verändert werden muss. Und wenn wir es aus dieser Sicht betrachten, ist Wut nichts Schlechtes. Sie ist nicht böse, nicht gemein. Sie ist ein Schutzschild, eine schützende Kraft, die uns signalisieren möchte: Jetzt wurde eine Grenze überschritten, oder ein Bedürfnis nicht erfüllt und ich bringe dich dazu, all deine Energie, die du hast, zu mobilisieren, um dich zu schützen, abzugrenzen und diese Situation sofort zu verändern (damit diese Hilflosigkeit aufhört). Wut ist eines der wichtigsten Kommunikationssignale unseres Körpers, denn sie will uns darauf aufmerksam machen, dass etwas nicht stimmt und uns dazu bringen zu handeln.

Das emotionale Trio: Wut, Hilflosigkeit, Trauer

Unter dieser Wut, die aus der Hilflosigkeit heraus entsteht, liegt ganz oft Trauer. Trauer darüber, dass ein Bedürfnis nicht erfüllt ist, Trauer darüber, dass unsere Grenzen überschritten wurden. Die Trauer signalisiert unserem Körper, dass etwas verletzt wurde und dass uns etwas fehlt. Und auch das führt dazu, dass unser Körper reagieren möchte, es ändern möchte (um die Trauer nicht mehr spüren zu müssen). Viele Menschen erleben Wut und Trauer gemeinsam oder nacheinander. Wut schützt vor dem Schmerz der Trauer, während die Trauer auf den eigentlichen Kern des Gefühls aufmerksam machen möchte. Auf das »eigentliche Problem« sozusagen. Auch die Hilflosigkeit, also das Gefühl, nichts ändern zu können, führt uns oft dann zur Wut, wenn die Trauer nicht beachtet oder nicht ausgedrückt wird. In allererster Linie ist es also für dich wichtig, dieses Trio deiner Emotionen unterscheiden bzw. wahrnehmen zu können.

Ein Beispiel aus dem Mama-Alltag

Ich gebe auch gerne anhand des Beispiels der Einschlafbegleitung eine verbildlichte Erklärung mit, die vor allem die Mamas unter euch wahrscheinlich kennen werden. In der Zeit, als meine Tochter jeden Tag eineinhalb Stunden für die Einschlafbegleitung gefordert hat, herumgeturnt ist und nicht einschlafen wollte, wurde ich sehr oft laut.

Ich habe dann oft sehr streng gesagt, dass sie sich jetzt endlich hinlegen soll, und war wirklich oft sehr wütend auf die gesamte Situation. Aber warum? Weil ein sehr wichtiges, ersehntes Bedürfnis nach einem Tag voller Erziehung nicht erfüllt, wurde: Ruhe. Feierabend. Ich sein.

Und dieses unerfüllte Bedürfnis der Ruhe und die Tatsache, dass ich nicht wusste, was ich tun sollte (denn wenn ich den Raum verließ, schrie und weinte die Maus und das wollte ich ihr natürlich auch nicht antun), machte mich wütend. Die Wut in mir, die aus der Hilflosigkeit heraus entstand, wollte, dass ich die Situation endlich veränderte, um zu meinem Bedürfnis der Ruhe zu kommen. Und hier muss ich auch hinzufügen: Ich habe meine Emotionen in den ersten 60 Minuten der eineinhalb Stunden völlig unterdrückt und versucht, »ruhig zu bleiben«. Spoiler: Es hat nicht funktioniert. Also wurde ich laut, weil das in meinem Kopf die »einzige Möglichkeit« war, meine Tochter dazu zu bringen, sich hinzulegen und leise zu schlafen. Natürlich ist das exakte Gegenteil passiert, sie hat geweint, ich habe mich schuldig gefühlt und irgendwann ist sie unter Tränen eingeschlafen und mein Bedürfnis der Ruhe war zwar erfüllt, aber nicht gerade auf eine liebevolle Weise und mit positiven Gefühlen verknüpft.

Vielleicht erkennst du anhand dieses Beispiels auch deine Emotionen und das ist ein wichtiger Schritt der emotionalen Kompetenz – denn erst, wenn ich meine Emotionen und vor allem auch meine Reaktionen darauf erkenne, kann ich sie ändern. Ich habe somit für mich also erkannt, wann ich laut wurde und habe begonnen, anders zu handeln, der Wut einen gesunden Ausdruck zu geben. Wie das funktioniert und welche Möglichkeiten es gibt, deine Emotionen gesund auszudrücken, erkläre ich dir in späteren Kapiteln noch näher.

> **Unter jedem lauten Gefühl liegt ein leiser Schmerz. Wenn wir hinhören, finden wir nicht nur Wut – sondern oft ein verletztes Herz, das gesehen werden will.**

Starke Gefühle brauchen Raum

Wichtig ist, dass du weißt: Sehr starke Emotionen, wie Wut, Hilflosigkeit und Trauer, die nicht beachtet und unterdrückt werden, führen sehr oft zu dem Gedanken, die Kontrolle zu verlieren, und dieser wiederum sorgt ebenso für Impulsivität bzw. Kampf, Flucht, Erstarren oder Anpassung, auf die ich im nächsten Kapitel noch näher eingehen werde. Die Polyvagal-Theorie ist hierbei sehr interessant, weil sie erklärt, dass echte emotionale Verarbeitung erst dann möglich ist, wenn wir uns sicher fühlen. Studien zeigen, dass bereits das achtsame Benennen von Gefühlen (z. B. »Ich spüre Angst«) die Amygdala-Aktivität im Gehirn reduzieren kann und eine Rückkehr zur Regulation unterstützt. Jedoch haben die wenigsten von uns gelernt, zu benennen, was da ist. Und genau deshalb können die meisten Menschen nur mit »gut« oder »geht so« oder »schlecht« antworten, auf die Frage, wie es ihnen geht, weil sie selbst gar nicht genau wissen, wie das eigentlich alles heißt, was da in ihnen ist.

SPANNENDE SIDEFACTS

Wut ist keine primitive Emotion – sie ist ein evolutionäres Schutzsystem. Neurowissenschaftliche Studien zeigen: Wut aktiviert den präfrontalen Kortex und das sympathische Nervensystem, um rasch Energie zu mobilisieren. Sie ist der Versuch, Kontrolle zurückzugewinnen, wenn wir uns ausgeliefert fühlen. Und genau deshalb gilt: Wut ist oft nur die Spitze des Eisbergs. Darunter liegen – fast immer – Hilflosigkeit und unerfüllte Bedürfnisse. Forschungen zur Emotionsregulation zeigen: Wer lernt, Wut nicht sofort zu unterdrücken oder auszuleben, sondern zu »übersetzen«, kann leichter innere Sicherheit entwickeln und gesunde Grenzen setzen. Besonders spannend: In der Bindungsforschung gilt unregulierte Wut oft als Hinweis auf ein überlastetes Nervensystem, das sich nach Halt und Verbindung sehnt – nicht nach Eskalation. Es geht also nicht darum, Wut zu vermeiden. Sondern zu erkennen, worauf sie hinweist: auf das, was in uns geschützt werden will.

Zusammenfassung

- Wut ist oft der lauteste Ausdruck einer stillen Hilflosigkeit.
- Unter Hilflosigkeit liegt häufig Trauer über unbeachtete Bedürfnisse oder verletzte Grenzen.
- Wut will dich schützen, nicht zerstören.
- Emotionale Kompetenz heißt, Wut zu erkennen, zu übersetzen und mit ihr zu arbeiten – statt sie zu unterdrücken oder unkontrolliert zu leben.
- Dein Stresstoleranzfenster entscheidet, ob du reguliert antworten kannst – oder in Kampf, Flucht, Erstarrung rutschst.

REFLEXIONSFRAGEN

- In welchen Situationen empfindest du oft Wut – und was steckt darunter?
- Gab es in deiner Kindheit Platz für gesunde Wut?
- Welche Bedürfnisse werden am häufigsten übergangen, wenn du wütend bist?
- Wie reagiert dein Körper, wenn dein »Fenster« enger wird?

DAS KANNST DU JETZT TUN

- Emotionstagebuch: Notiere täglich einmal, wann/wo Wut auftauchte und welche Bedürfnisse darunter lagen.
- Bedürfnis-Übersetzer: Wenn Wut kommt, formuliere innerlich: »Meine Wut zeigt mir, dass … (Bedürfnis) fehlt.«
- Fenster-Check: Beobachte drei Tage lang, wann du im Fenster bist – und wann drüber/drunter.

Im nächsten Kapitel werden wir genauer betrachten, warum wir in diesen extremen Gefühlen manchmal das Gefühl haben, völlig die Kontrolle zu verlieren – und welche physiologischen Mechanismen dahinterstecken.

Platz für deine Gedanken

Platz für deine Gedanken

Kapitel 6
Der Sog in die Tiefe – alte Muster zeigen sich

ENTWICKLUNGSTRAUMA, PSYCHOLOGISCHE ABWEHRMECHANISMEN, INNERE-KIND-ANTEILE

Menschen kommen heute zu mir in die Beratungsstunden und wollen grundsätzlich meistens etwas an ihrem Verhalten oder Denken ändern. Ganz oft fallen in den ersten Stunden Sätze wie »Ich weiß nicht mehr weiter«, »Ich reagiere nicht angemessen«, »Diese Situation wirft mich völlig aus der Bahn«, »Ich kann nicht normal reagieren« und wenn ich meine Klientinnen und Klienten frage, wie sie denn reagieren, ist das Verhalten immer unterschiedlich. Manche Menschen werden laut, andere wiederum blocken jegliches Gespräch und jegliche Hilfe ab, verlassen sogar oftmals den Raum und wieder andere fühlen sich, als wären sie gar kein Teil der Situation mehr und nehmen alles »von außen« war, als würden sie in einer Blase hocken. Diese Verhaltensweisen haben aber allesamt etwas gemeinsam: Es sind unbewusste Strategien, mit denen die Psyche versucht, schmerzhafte Gefühle, Konflikte oder Erinnerungen abzuwehren und das innere Gleichgewicht zu bewahren. Sich seiner Abwehrmechanismen bewusst zu sein, ist eine wichtige Voraussetzung, um das tiefe Meer der Emotionen erleben zu können, ohne darin zu ertrinken. Wenn du einmal in einer Brandung gestanden bist, kennst du dieses Gefühl: ein plötzlicher Rückzug unter deinen Füßen. Das Wasser zieht dich zurück, nicht, weil du vorwärts willst, sondern weil etwas Altes dich zurückzieht. So fühlt sich der Sog alter Muster an. Du willst anders reagieren. Du hast es dir vorgenommen. Und plötzlich passiert es trotzdem. Du wirst laut, obwohl du liebevoll bleiben wolltest. Du ziehst dich zurück, obwohl du Nähe brauchst. Du machst dich klein, obwohl du gelernt hast, dass du wertvoll bist. Warum? Weil dein Nervensystem noch nicht weiß, dass es diesmal anders sein darf. Es fühlt sich noch nicht sicher genug an.

> **Jedes Mal, wenn du aufgrund eines vergangenen Traumas reaktiv oder übermäßig ängstlich reagierst, steckt dahinter ein kleines Kind, das nie die Chance hatte, das Trauma angemessen zu verarbeiten und zu heilen. Das Kind in dir fühlt immer noch die Auswirkungen des Traumas und reagiert deshalb auf bestimmte Auslöser in deiner Umgebung (Projektionen).**

Arten von Traumata – und warum wir hier über Entwicklungstraumata sprechen

Viele von uns haben Traumata erlebt. Und vielleicht ist in deinem Kopf gerade das Wort »Trauma« sehr groß – ich möchte dir kurz erklären, welches Trauma ich meine, denn es gibt verschiedene Arten von Traumata. Einerseits gibt es das Schocktrauma. Das ist das Trauma, das zum Beispiel bei einem Unfall passiert. Und dann gibt es da noch das Entwicklungstrauma, auf das ich mich in diesem Kapitel beziehe, weil es viele von uns erlebt haben. Entwicklungstraumata beschreiben all die seelischen Verletzungen, die in der Kindheit oder Jugend durch wiederholte Vernachlässigung, Misshandlung, Bindungsabbrüche oder emotionale Kälte entstehen. Diese Erfahrungen prägen das Selbstbild, die Emotionsregulation und die Beziehungsfähigkeit nachhaltig und deshalb ist es wichtig, sie dir bewusst zu machen. Ein Entwicklungstrauma sieht für jeden Menschen anders aus. Was für das eine Kind verkraftbar war, kann für ein anderes überwältigend gewesen sein.

Ob etwas traumatisch war, hängt nicht vom äußeren Ereignis ab, sondern davon, wie allein du dich damit gefühlt hast, ob du dich handlungsfähig gefühlt hast und ob jemand da war, der dich halten konnte.

Die unsichtbaren Spuren im Erwachsenenleben

Und manchmal spüren wir heute im Erwachsenenleben nur noch die Auswirkungen, ohne zu wissen, woher sie kommen. Wir wundern uns, warum wir in bestimmten Situationen so überreagieren. Warum uns Nähe Angst macht. Warum wir immer wieder dieselben Konflikte erleben oder uns wie betäubt fühlen. Warum wir bestimmte Körperempfindungen nicht einordnen können oder ständig gegen ein diffuses Gefühl von »nicht richtig« ankämpfen. Hier zeigt sich das Entwicklungstrauma – oft verborgen, aber tief wirksam. Denn alles, was damals zu viel war, lebt in unserem Körper weiter. Und unser Nervensystem reagiert so, wie es das damals gelernt hat: mit Rückzug, Erstarrung, Überanpassung, Lautwerden oder innerem Zusammenbruch. Um damit umzugehen, hat unsere Psyche Schutzstrategien entwickelt – sogenannte Abwehrmechanismen. Ich habe im Kapitel 2 erwähnt, dass ich auf Schutzmechanismen eingehen werde – dieses Kapitel erklärt sie dir näher. Diese Mechanismen versuchen, uns vor dem inneren Schmerz zu bewahren, den wir damals nicht (aus)halten konnten. Sie sind klug, aber manchmal hindern sie uns heute daran, das Leben wirklich zu spüren und gesund zu leben. Und tief in all diesen Reaktionen liegt ein besonders wichtiger innerer Anteil: das Kind in dir. Ein Kind, das einst alles gegeben hat, um zu funktionieren. Ein Kind, das sich nach Sicherheit, Gesehenwerden und echter Nähe sehnt. Ein Kind, das heute vielleicht traurig, wütend, beschämt oder ängstlich ist, weil es nie gelernt hat, mit diesen Gefühlen nicht allein zu sein. Wichtig ist mir auch noch, dass du weißt: Deshalb musst du nicht »repariert« oder »geheilt« werden. Wichtig ist lediglich das Verständnis für deine eigenen (Mikro-)Traumata und deine daraus resultierenden Abwehrmechanismen. Dieses innere Kind in dir wird also durch bestimmte Stresssituationen oder sogenannte Trigger dazu »aufgefordert«, auf altbekannte Muster, die ihm irgendwann nützlich waren, zu reagieren.

Fight, Flight, Freeze – und Fawn

Bestimmt hast du schon einmal vom »Fight, Flight und Freeze«-Modus gehört. Das sind eigentlich die klassischsten Abwehrmechanismen, die wir heutzutage aus der Persönlichkeitsentwicklung kennen und in denen unsere Abwehrmechanismen kategorisiert werden (es gibt nämlich weitaus mehr Mechanismen). Ein Mechanismus, der hierbei oft untergeht, wird im Englischen Fawn genannt. Eigentlich bestehen die Kategorien also inzwischen aus *Fight (Kampf), Flight (Flucht), Freeze (Erstarren) und Fawn (Anpassung).*

Wie diese Muster entstehen und ablaufen

Wenn unser Körper in eine stressige Situation gerät, die er als Bedrohung wahrnimmt, reagiert er meistens aus einen dieser Mechanismen. Ob wir in belastenden Situationen mit Kampf (Fight), Flucht (Flight), Erstarren (Freeze) oder

Anpassung (Fawn) reagieren, ist eigentlich kein bewusster Entschluss, sondern ein tief verankerter, automatisch ablaufender Schutzmechanismus unseres Nervensystems. Diese Reaktionsmuster entstehen durch eine Vielzahl an Faktoren: Unsere frühkindlichen Bindungserfahrungen und wiederholten Stresssituationen prägen, welche Strategie unser Nervensystem bevorzugt. Auch die aktuelle Verfassung – etwa ob wir uns sicher fühlen oder nicht, wie erschöpft oder überreizt wir sind, ob wir gut geschlafen oder uns reguliert haben – beeinflusst, welche Schutzstrategie aktiviert wird. Unser Körper reagiert blitzschnell auf das, was er als Bedrohung empfindet – oft basierend auf alten Erfahrungen, abgespeicherten inneren Bildern oder unbewussten kindlichen Anteilen, die in solchen Momenten die Kontrolle übernehmen. Wird eine Gefahr erkannt – sei es physisch oder emotional –, aktiviert das Gehirn das sympathische Nervensystem. Über Nervenbahnen werden Signale an die Nebennieren gesendet, die schlagartig Stresshormone wie Adrenalin und Noradrenalin ausschütten. Herzschlag, Atemfrequenz und Muskelspannung steigen, die Aufmerksamkeit fokussiert sich auf die Bedrohung. Der Körper wird in einen Zustand maximaler Leistungsbereitschaft versetzt, um entweder zu kämpfen, zu fliehen, sich »totzustellen« oder sich anzupassen. Manche Menschen werden laut, andere ziehen sich zurück, blockieren, erstarren oder versuchen, es allen recht zu machen – nicht, weil sie sich so entscheiden, sondern weil ihr Körper glaubt, dass dies der sicherste Weg ist, mit der Situation umzugehen. Die gute Nachricht ist: Diese Muster lassen sich mit wachsendem Bewusstsein, Selbstmitgefühl und einem regulierten Nervensystem verändern. Schauen wir uns diese Mechanismen mal genauer an:

Der Fight-Modus (Kampfmodus) – wenn Verteidigung zum Dauerzustand wird

Der Kampfmodus ist eine tief verwurzelte Reaktion deines Nervensystems, die vor allem dann aktiviert wird, wenn du dich in einer Situation behaupten oder klare Grenzen setzen musst. In diesem Moment wird dein Körper wie von selbst auf Angriff und Verteidigung vorbereitet – Herzschlag und Muskelspannung steigen, der Atem wird schneller, der Blick fokussierter. Biologisch gesehen handelt es sich um eine uralte Überlebensreaktion, die in der Tierwelt dem klassischen »Hörnerringen« entspricht. Während der Körper im Fluchtmodus vor allem Distanz schaffen will, fühlt sich die Bedrohung im Fight-Modus oft »kontrollierbar« an. Es ist, als würdest du dich innerlich aufrichten, bereit, dich zu verteidigen.

Doch Kampf muss nicht immer laut, heftig oder aggressiv aussehen. Er kann sich auch in stilleren Formen zeigen, in einer unterschwelligen Gereiztheit, einer inneren Anspannung, die wie ein ständiges Ziehen unter der Haut liegt. Vielleicht merkst du es daran, dass du sofort in Diskussionen gehst, dich rechtfertigst oder deine Meinung verteidigst, auch wenn es nicht nötig wäre. Vielleicht willst du die Dinge unter Kontrolle halten, greifst zu Perfektionismus oder spürst, wie schnell du innerlich ungeduldig wirst, wenn etwas nicht nach Plan läuft. All das sind feine, aber deutliche Signale, dass dein Körper sich im Verteidigungsmodus befindet.

Für viele Menschen war dieser Kampfmodus in der Kindheit die einzige Möglichkeit, sich zu schützen oder überhaupt gesehen zu werden. Wenn keine verlässliche Bezugsperson da war, die Sicherheit geben konnte, musste der Körper lernen, selbst für diese Sicherheit zu sorgen – und das bedeutete oft, Widerstand zu leisten. Auch wenn heute keine echte Gefahr besteht, kann der alte Schutzmechanismus noch immer anspringen, zum

Beispiel, wenn du dich übergangen, missverstanden oder machtlos fühlst. Dein Nervensystem erkennt den Unterschied zwischen damals und heute nicht automatisch, es reagiert auf die emotionale Erinnerung, nicht auf die objektive Realität.

Wenn der Kampfmodus jedoch zu einem ständigen Begleiter wird, kostet er enorm viel Kraft. Ein Nervensystem, das dauerhaft auf Verteidigung eingestellt ist, bleibt im sympathischen Stressantrieb hängen. Der Körper ist dann fast ununterbrochen auf Alarm, was zu chronischen Verspannungen, Kopfschmerzen, innerer Unruhe und Gereiztheit führen kann. Beziehungen leiden, weil Nähe oft von einem unsichtbaren Schutzwall abgefangen wird.

Darum ist es so wichtig, diesen Zustand früh zu bemerken. Dein Körper sendet klare Signale, wenn er im Kampfmodus ist: ein verspannter Kiefer, Druck auf der Brust, geballte Fäuste oder ein beschleunigter Atem. In diesem Moment hilft es, bewusst innezuhalten und dem Körper zu zeigen, dass die Gefahr vorbei ist. Tiefe, lange Ausatmungen können ein erstes Signal sein: »Ich bin sicher.« Doch weil im Kampfmodus viel Energie im Körper steckt, braucht es oft zuerst eine Möglichkeit, diese Spannung abfließen zu lassen, sei es durch schnelles Gehen, schüttelnde Bewegungen oder kräftiges Strecken. Erst wenn die überschüssige Energie Raum bekommen hat, kannst du leichter in die Ruhe finden und unter der Wut, der Gereiztheit oder dem Drang zur Kontrolle spüren, was eigentlich da ist: oft Traurigkeit, Angst oder Hilflosigkeit.

Kampf an sich ist nichts Schlechtes. Er ist Ausdruck deiner Lebenskraft, deines Willens, dich zu behaupten. Aber er darf heute eine bewusste Wahl sein, nicht mehr ein Automatismus, der aus alten Wunden heraus gesteuert wird. Wenn du lernst, den Unterschied zu spüren, kannst du den Kampfmodus als Ressource nutzen, wenn er gebraucht wird, und ihn ebenso bewusst loslassen, wenn er dich nur in ständiger Anspannung hält.

Der Flight-Modus (Fluchtmodus) – die Flucht vor dem Gefühl

Der Fluchtmodus ist eine der instinktivsten Reaktionen unseres Nervensystems, wenn es Gefahr wittert. Während der Kampfmodus die Brust hebt und sagt: »Ich halte dagegen!«, sucht der Fluchtmodus den schnellsten Weg aus der Situation heraus. Dein Herzschlag beschleunigt sich, der Atem wird flacher, die Muskeln spannen sich an, alles in deinem Körper ist darauf ausgerichtet, dich aus der vermeintlichen Gefahrenzone zu bringen.

Doch Flucht ist nicht immer sichtbar. Viele Menschen fliehen im Alltag auf eine Weise, die von außen kaum zu bemerken ist. Sie ziehen sich innerlich zurück, verlieren sich in hektischer Aktivität, stürzen sich in Arbeit, scrollen stundenlang am Handy oder lenken sich mit To-do-Listen ab, die niemals enden. Manche vermeiden gezielt Gespräche, Orte oder Situationen, die unangenehme Gefühle auslösen könnten. Der Körper ist in ständiger Bewegung, doch innerlich läuft er vor etwas davon, das nicht aufgeholt werden kann: einem Gefühl von Ohnmacht, Angst oder Überforderung.

Dieser Mechanismus entsteht oft in Kindheiten, in denen Rückzug die einzige Möglichkeit war, sich sicher zu fühlen. Wenn die Nähe zu einer Bezugsperson nicht als sicher erlebt wurde, war es manchmal besser, unsichtbar zu werden, zu verschwinden oder die eigene Lebendigkeit zu zügeln. Als Erwachsene tragen wir dieses Muster oft unbemerkt weiter, auch dann, wenn die Gefahr längst vorbei ist.

Das Problem ist: Dauerhafte Flucht erschöpft. Dein Nervensystem bleibt im sympathischen Antriebsmodus, immer bereit, loszurennen, auch wenn es keinen Grund gibt. Auf lange Sicht führt das zu innerer Leere, Schlafproblemen, Überarbeitung oder dem Gefühl, nirgendwo wirklich anzukommen.

Um aus dem Fluchtmodus auszusteigen, braucht es einen sanften Gegenimpuls: Erdung. Spüre den Boden unter deinen Füßen, lehne dich bewusst an eine Wand, atme tief in den Bauch, bis dein Körper merkt: »Ich bin hier.« Bewegung kann helfen, die innere Unruhe abzubauen: ein Spaziergang, leichtes Auslaufen, bewusstes Dehnen. Doch danach ist es wichtig, wirklich zur Ruhe zu kommen, dich hinzusetzen, die Schultern sinken zu lassen und zu bemerken: Du musst nicht mehr weglaufen. Heute bist du sicher.

Der Freeze-Modus (Erstarrungsmodus) – wenn die Welt stillsteht

Der Freeze-Modus ist vielleicht die stillste und zugleich tiefgreifendste Überlebensreaktion, die dein Nervensystem kennt. Er tritt ein, wenn weder Kampf noch Flucht möglich erscheinen, wenn die Situation so überwältigend wirkt, dass dein System beschließt, dich innerlich »einzufrieren«. Dein Herzschlag verlangsamt sich, der Atem wird flach, die Muskeln spannen sich an, aber gleichzeitig fehlt dir die Kraft, dich zu bewegen. Es ist, als würdest du unter einer Glasglocke sitzen, von der Welt getrennt und wie taub.

Viele Menschen erleben Freeze als innere Lähmung: Du kannst nicht handeln, nicht sprechen, manchmal nicht einmal klar denken. Manchmal ist es, als würdest du dich von außen beobachten, während dein Körper auf Autopilot läuft. Diese Reaktion war in früheren, bedrohlichen Momenten oft überlebenswichtig, besonders, wenn Gefahr von nahen Bezugspersonen ausging und weder Kampf noch Flucht sicher waren. Freeze schützte dich damals vor der vollen Wucht der Angst oder der Trauer, die du nicht hättest verarbeiten können.

Doch wenn Freeze zur chronischen Reaktion wird, kann er uns von unserem Leben abschneiden. Beziehungen fühlen sich distanziert an, Freude wird stumpf und selbst in sicheren Momenten fällt es schwer, Lebendigkeit zu spüren.

Der Weg aus dem Freeze ist sanft, zu abruptes »Aufwecken« kann das Nervensystem überfordern. Es geht darum, den Körper langsam wieder ins Spüren zu bringen. Kleine Bewegungen helfen: die Finger reiben, die Füße kreisen, leise summen oder den Blick sanft im Raum wandern lassen. Wärme, eine Decke, eine heiße Tasse in den Händen – können Signale der Sicherheit senden. Und manchmal beginnt Aktivierung im Kopf, indem du dich innerlich erinnerst: »Ich bin hier. Ich bin sicher. Ich darf wieder in Bewegung kommen.«

Eine besondere Form dieses Zustands, den sogenannten Functional Freeze, also das äußerliche Funktionieren bei gleichzeitiger innerer Erstarrung, habe ich dir bereits im 2. Kapitel beim Funktionsmodus genauer erklärt.

Der Fawn-Modus (Anpassungsmodus) – die stille Selbstaufgabe

Der Fawn-Modus ist vielleicht der am wenigsten offensichtliche, aber oft tief verankerte Abwehrmechanismus. Er zeigt sich nicht in Kampf, Flucht oder Erstarrung, sondern in Anpassung. Unter Stress passt du dich reflexartig an dein Gegenüber an, wirst konfliktscheu, versuchst, es allen recht zu machen, oft, ohne es bewusst zu merken. Dein Nervensystem sucht Sicherheit nicht durch Distanz oder Verteidigung, sondern durch Harmonie.

Menschen im Fawn-Modus haben oft gelernt, dass Liebe, Anerkennung oder Sicherheit nur dann möglich waren, wenn sie brav, pflegeleicht oder anpassungsfähig waren. Wenn Zuneigung in der Kindheit an Bedingungen geknüpft war – »Ich werde nur gemocht, wenn ich mich gut verhalte« –, dann verinnerlicht der Körper diese Wahrheit. Heute zeigt sich das oft in übermäßiger Hilfsbereitschaft, dem Drang, Erwartungen zu erfüllen, bevor sie ausgesprochen werden, und in großen Schwierigkeiten, klare Grenzen zu setzen.

Auf den ersten Blick wirkt Fawn friedlich. Doch innerlich bedeutet er oft Selbstaufgabe: das Zurückstellen der eigenen Bedürfnisse, um nicht abgelehnt zu werden. Wenn dieser Modus chronisch wird, verlieren wir den Kontakt zu uns selbst, unsere Wünsche verschwimmen und wir wissen irgendwann nicht mehr, wer wir ohne die Erwartungen anderer wären.

Der erste Schritt aus dem Fawn-Modus ist das Spüren der eigenen Bedürfnisse und das kann ungewohnt und beängstigend sein. Hilfreich ist, kleine Momente zu finden, in denen du bewusst »Nein« sagst, selbst wenn es sich ungewohnt anfühlt. Oder dich fragst: »Was will *ich* gerade?« Körperlich kann es helfen, die eigene Stimme zu spüren – laut zu summen, zu tönen, zu sprechen. Jede Handlung, die dich ein Stück mehr in deinen Körper und zu deinem eigenen Standpunkt bringt, ist ein kleiner Akt der Rückeroberung.

Shutdown – Wenn alles dunkel wird

Shutdown ist quasi eine tiefere, oft chronische Variante des Freeze-Modus, die in der Fachliteratur manchmal auch als »Collapsed State« oder »Totstell-Reflex« beschrieben wird.

Er gehört im erweiterten Sinne zu den Überlebensreaktionen des Nervensystems, ist aber nicht einfach nur ein »Einfrieren«, sondern eher ein vollständiges Herunterfahren der körperlichen und emotionalen Systeme. Der Shutdown-Modus ist gewissermaßen das letzte Sicherheitsventil des Nervensystems. Er setzt ein, wenn jede andere Strategie versagt oder unmöglich erscheint. Dein System fährt alle nicht lebensnotwendigen Funktionen herunter, um dich vor weiterer Überwältigung zu schützen. Der Herzschlag wird langsamer, die Atmung flach, der Körper fühlt sich schwer oder leer an. Gedanken werden träge, Gefühle scheinen wie ausgelöscht. Es ist der Zustand, in dem selbst Angst nicht mehr spürbar ist – nicht, weil sie weg wäre, sondern weil dein Körper sie abgeschaltet hat.

Viele Menschen erleben Shutdown als tiefe Erschöpfung, Antriebslosigkeit oder das Bedürfnis, sich zu verkriechen. Er kann sich wie Depression anfühlen, begleitet von dem Glauben, dass es keinen Sinn hat, überhaupt noch zu handeln. Oft ist er das Ergebnis von langanhaltendem Stress oder Trauma, bei dem der Körper gelernt hat, dass »totstellen« die einzige sichere Option war – etwa, wenn es weder Kampf noch Flucht noch Anpassung gab, die Schutz geboten hätte.

Wird Shutdown chronisch, kann er die Verbindung zu sich selbst und anderen fast vollständig unterbrechen. Lebendigkeit weicht einem inneren Grau, Beziehungen verlieren Tiefe und selbst Freude wirkt unerreichbar.

Um aus einem Shutdown herauszufinden, braucht es sanfte, langsame Aktivierung – und vor allem Sicherheit. Beginne mit kleinen Reizen, die dich nicht überfordern: Licht hereinlassen, eine Decke spüren, deine Hände reiben, ein warmes Getränk schmecken. Wichtig ist, nicht mit Gewalt »funktionieren« zu wollen, sondern dem Körper zu signalisieren: Es ist jetzt sicher, wieder ein bisschen mehr da zu sein. Oft hilft auch Co-Regulation – eine ruhige, präsente Begleitung, die dich nicht drängt, sondern einfach bei dir bleibt, bis du dich von innen heraus wieder öffnen kannst.

Warum das Erkennen deiner Abwehrmechanismen der Schlüssel zu echter emotionaler Freiheit ist

Der Grund, warum es so wichtig ist, deine Abwehrmechanismen zu kennen, ist folgender: Jedes Mal, wenn du einen dieser Mechanismen wählst, weil du so geprägt wurdest oder du das so gelernt hast, werden Gefühle unterdrückt. Ja, einerseits ist das sinnvoll, weil das limbische System, in dem deine Emotionen sitzen, somit nicht von den intensiven Gefühlen überflutet wird und das hilft dir kurzfristig, funktionstüchtig zu bleiben. In der Welle zu schwimmen, auch wenn du gerade überschwemmt wirst. Doch auf lange Sicht führt dieses automatische Unterdrücken dazu, dass sich die unterdrückten Emotionen im Körper ansammeln. Sie verschwinden nicht einfach, sie bleiben in Muskeln und Faszien gespeichert, oft in Form von Anspannung, Erschöpfung, körperlichen Beschwerden oder innerer Leere. Wenn du also beginnst, deine Abwehrmechanismen zu erkennen, zum Beispiel, dass du immer rationalisierst, wenn du eigentlich traurig bist, oder dass du dich anpasst, statt klar deine Grenze zu setzen, dann schaffst du Raum, deine echten Gefühle zu spüren. Und erst, wenn du deine Emotionen spüren darfst, können sie verarbeitet werden. Es geht nicht darum, Abwehrmechanismen zu verurteilen, sie waren einmal (überlebens)wichtig. Aber es geht darum, bewusst zu wählen: Will ich mich heute noch so schützen wie damals, oder darf es heute sicher genug sein, um zu fühlen? Denn Fakt ist: Als Erwachsener sind wir der tatsächlichen Bedrohung von damals eigentlich nicht mehr so oft ausgesetzt. Wir müssen als Erwachsener nicht mehr auf unser Zimmer gehen, bis wir uns beruhigt haben. Aber oftmals handeln wir aus genau diesem einst so wichtigen Inneren-Kind-Modus heraus, weil wir die tatsächliche Bedrohung nicht von der damaligen Bedrohung unterscheiden können. Für unser Nervensystem ist es eine Bedrohung, egal wie sie aussieht. Und deshalb müssen wir lernen, im Alltag achtsam zu sein, den Raum zwischen Reiz (Bedrohung) und Reaktion (Abwehrmechanismus) zu betreten und uns bewusst zu fragen: Ist es wirklich so wie damals? Passiert hier eine wirkliche Bedrohung oder bewertet mein Unterbewusstes es nur automatisch so?

SPANNENDE SIDEFACTS

Abwehrmechanismen sind keine Schwäche – sie sind tief verankerte Schutzstrategien unseres Nervensystems. Neurowissenschaftliche Studien zeigen: Wenn wir Emotionen verdrängen, reagiert nicht nur unsere Psyche, sondern auch der Körper – bestimmte Gehirnareale versuchen bewusst, Gefühle zu dämpfen. Kurzfristig schützt uns das, langfristig speichert der Körper, was nicht gefühlt werden durfte. In der Psychoneuroimmunologie spricht man vom »impliziten Stressgedächtnis« – einem neuronalen Netzwerk, das alte Erfahrungen blitzschnell reaktiviert. Deshalb fühlen wir uns oft getriggert, ohne zu wissen, warum. Es braucht keine bewusste Erinnerung, sondern nur einen ähnlichen Reiz – und unser System reagiert wie früher. Erst wenn wir echte Sicherheit im Hier und Jetzt erleben, kann unser Nervensystem neue Wege lernen. Studien zeigen: Bereits ein warmer Tonfall oder ein mitfühlender Blick können über den Vagusnerv Regulation einleiten. Heilung beginnt also nicht im Denken – sondern im sicheren Fühlen, in Verbindung.

Zusammenfassung

- Deine Muster sind nicht falsch – sie waren einmal lebensnotwendig.
- Entwicklungstrauma wirkt oft unsichtbar.
- Fight/Flight/Freeze/Fawn sind Schutzreaktionen, kein Charakterfehler.
- Heilung beginnt, wenn du den Raum zwischen Reiz und Reaktion betrittst.
- Sicheres Fühlen öffnet neue Handlungswege.

REFLEXIONSFRAGEN

- Welchen Modus erkenne ich bei mir am häufigsten?
- Was bräuchte mein inneres Kind in diesen Momenten?
- Welche körperlichen Warnsignale kündigen meinen Modus an?
- Wie könnte ich mir dann Sicherheit geben?

DAS KANNST DU JETZT TUN

- Beobachtung: sieben Tage lang täglich eine Situation notieren, in der du im „Modus" warst.
- Gefühl benennen: Was war die Primäremotion?
- Bedürfnis finden: Was hätte dir geholfen?
- Mini-Plan: Was könntest du anders machen?

Bisher haben wir erkannt, welche Wellen und Strömungen dich packen können – und wie alte Muster dich zurückziehen. Im nächsten Kapitel wirst du lernen, diese Wellen tatsächlich zu surfen – nicht nur zu erkennen, sondern sie bewusst zu reiten, statt unterzugehen.

Platz für deine Gedanken

Platz für deine Gedanken

Kapitel 7
Die Welle reiten – Neue Wege deiner Regulation

KÖRPER REGULIEREN, BOTTOM-UP, REGULATION, NEUE HANDLUNGSMÖGLICHKEITEN

Ich weiß noch ganz genau, wie ich mich bei meiner ersten Panikattacke gefragt habe, warum mir das jetzt passiert, denn ich habe zu diesem Zeitpunkt ja schon seit Jahren an mir selbst gearbeitet. Ich habe unendlich viele Bücher zur Persönlichkeitsentwicklung gelesen, habe so viel über mich selbst herausgefunden und so unfassbar viel erkannt, was meine vergangenen Muster betrifft – niemals hätte ich gedacht, dass ich eine Panikattacke haben könnte. Ich verrate dir jetzt etwas sehr Wichtiges: Du kannst deine Emotionen nicht wegdenken. Du kannst dich mit Gedanken nicht regulieren. Und vielleicht hast du auch bereits, wie ich, eine sehr lange Zeit sehr viel über dich selbst herausgefunden, reflektiert, gelesen, Wissen angeeignet, über deine Probleme gesprochen, wieder etwas Neues herausgefunden, wieder etwas »geheilt«, indem du etwas verstanden hast, und vielleicht merkst du aber trotzdem, dass es dir in manchen Situationen beschissen geht, du dich nicht »runterbringen« kannst, und vielleicht kommst du genau jetzt gerade drauf, dass du bisher immer versucht hast, dich mit Gedanken zu regulieren. Vielleicht hast du bisher immer, wenn eine Welle über dich hereingebrochen ist, versucht, dir mithilfe dei-

ner Gedanken Ruhe zu verschaffen und dir zu erklären, warum das jetzt passiert, und dir selbst eine Lösung erklärt, mit irgendeiner Idee in deinen Gedanken Ruhe zu verschaffen. Was du aber im Endeffekt getan hast, war, dass du dir selbst deine Gefühle ebenso wieder kleingeredet hast. Ich weiß nicht, ob dir das bisher schon einmal aufgefallen ist, aber wir sind dazu konditioniert, Lösungen in unserem Kopf zu finden. Und ich weiß noch, wie ich an diesem Tag am Flughafen sofort versucht habe, Lösungen in meinem Kopf herbeizuführen. Mir zu sagen, dass ja »alles halb so schlimm« ist, dass ich jetzt nicht übertreiben soll. Doch diese Gedanken haben mich nur noch weiter in meine Hilflosigkeit gebracht – denn das ist es nicht, was unser Körper braucht. Vielleicht kennst du das: Du bist wütend, sauer, emotional, könntest explodieren, toben oder in Tränen ausbrechen und dein Gegenüber bringt dir sofort eine Lösung. Was macht das mit dir? Wahrscheinlich dasselbe wie mit mir und vielen anderen: Am liebsten würdest du noch mehr toben. Warum? Weil du das Gefühl vermittelt bekommst, dass das, was gerade da ist, nicht da sein darf. Und genau das ist das große Problem an den Wellen, die über uns hereinbrechen – wir wollen sofort ans Ufer zurück. Die Lösung im Kopf ist, ans Ufer zu schwimmen, weg von der Welle. Doch wenn wir das aus dieser Sicht betrachten, dürftest auch du sehr schnell merken, dass du so niemals lernen wirst, die Welle zu reiten. Was du brauchst, ist ein Surfbrett und unfassbar viele Surfstunden, sodass du die Welle reiten kannst. Und das machen wir hier in diesem Kapitel. Dieses Kapitel ist das Surfbrett zu deinen inneren Wellen.

Du kannst deine Emotionen nicht wegdenken.
Du kannst dich mit Gedanken nicht regulieren.

WARUM DU DICH NICHT »RUNTERDENKEN« KANNST – UND WAS DEIN KÖRPER WIRKLICH BRAUCHT

Emotionen entstehen im Körper – nicht im Kopf. Auch wenn wir über Gefühle nachdenken können, werden sie nicht im präfrontalen Kortex, unserem Denkzentrum, erzeugt. Emotionen haben ihren Ursprung in tieferen Hirnstrukturen wie dem limbischen System (Emotionszentrum) (oder z.B. der Amygdala – Angstzentrum) und im Körper selbst. Wenn dein Nervensystem eine Bedrohung wahrnimmt – sei sie real oder nur ein gespeichertes inneres Bild – wird in Sekundenbruchteilen eine physiologische Stressreaktion aktiviert. Diese Reaktion läuft bottom-up, also vom Körper zum Kopf: Der Herzschlag beschleunigt sich, die Atmung verändert sich, Muskeln spannen sich an – und erst dann bemerken wir: »Ich bin wütend/traurig/überfordert.« Das Problem dabei: Viele von uns versuchen dann, top-down, also mit dem Verstand, dagegen anzukommen. Wir sagen uns Sätze wie »Ist doch nicht so schlimm«, »Reiß dich zusammen« oder »Ich muss jetzt funktionieren«. Doch diese Gedanken erreichen das Nervensystem nicht. Sie helfen höchstens kurzfristig, um zu funktionieren – nicht, um zu regulieren. Echte Regulation geschieht über den Körper – über Atem, Bewegung, Töne, Berührung, Erdung. Das nennt man Bottom-up-Regulation. Du hilfst deinem Nervensystem also nicht, indem du dich zwingst, zu denken, sondern indem du lernst, mit deinem Körper zu fühlen. Dein Körper »beruhigt« deine Gedanken, wenn du es so nennen möchtest. Wenn du lernst, deine Aufmerksamkeit vom Denken zum Spüren zu lenken, aktivierst du Bereiche im Nervensystem, die für Regulation und Sicherheit zuständig sind: Das parasympathische System (v.a. der ventrale Vagusnerv) wird aktiv – und du kannst aus der Welle heraus surfen, statt von ihr überschwemmt zu werden, weil dein Körper sich sicher fühlt. Und weil dein Körper sich sicher fühlt, kann er auch deinen Gedanken vermitteln: Es ist alles okay. Uns passiert nichts. Wir sind in Sicherheit. Bottom-up statt top-down bedeutet:

- **Nicht: »Warum fühle ich mich so?«**
- **Sondern: »Wie fühlt sich das im Körper an?«**
- **Nicht: »Was kann ich tun, damit es aufhört?«**
- **Sondern: »Wie kann ich dabei sicher bleiben?«**
- **Nicht: »Wie finde ich eine Lösung?«**
- **Sondern: »Wie finde ich Halt in mir?«**

Je öfter du diese Form der Regulation übst, desto sicherer wird dein inneres System. Du wirst merken, dass die Wellen kommen dürfen – und du trotzdem atmen kannst. Und genau dann, wenn du es schaffst, in deine Gedanken Ruhe zu bekommen, weil dein Körper ruhig wird, genau dann entstehen neue Handlungsmöglichkeiten. Weil dein gesamtes System zum ersten Mal spürt: Hey – der Gedanke, die Situation etc. ist doch gar nicht so schlimm, wie ich es mir *gedacht* habe.

> Emotionen entstehen im Körper – nicht im Kopf. Regulation geschieht nicht durch Logik, sondern durch Fühlen.

REGULATION STATT NUR DENKEN – WIE DU DEINEM KÖRPER SICHERHEIT GIBST

Nehmen wir an, du hast Prüfungsangst. Schauen wir uns mal genauer an, was bei Prüfungsangst passiert: Monate vor der Prüfung lernst du und versuchst, dir das nötige Wissen für die Prüfung anzueignen, weil du vielleicht eine Referenzerfahrung zum Thema Prüfungen hast, die negativ ist, wie zum Beispiel eine schlimme Prüfung aus der Vergangenheit. Du lernst also basierend auf dieser alten Erfahrung umso mehr – wahrscheinlich immer mit dem Gedanken: »O Gott, ich habe so Angst vor der Prüfung« – weil vielleicht auch dein Körper sich an das Gefühl erinnert, das die damalige, schlimme Prüfung in dir ausgelöst hat. Scham, Verzweiflung, Hilflosigkeit sind mögliche Gefühle, die bei »negativen« Erfahrungen auftreten. Und um diese Gefühle nicht wieder fühlen zu müssen, tut dein Nervensystem alles, um dich zu *beschützen*. Es fährt das Stresssystem hoch, lange bevor überhaupt eine reale Gefahr bevorsteht – also lange bevor du tatsächlich im Prüfungsraum sitzt. Dein Körper »erinnert« sich und aktiviert die alten Schutzmuster: erhöhte Anspannung, flache Atmung, Herzrasen, ein unruhiger Bauch, vielleicht sogar Schlafprobleme oder Panikgedanken. Und nun wird's spannend: Du versuchst, zu denken, um dich zu beruhigen. Du sagst dir: »Ich habe doch gelernt«, »Ich muss mich jetzt nur zusammenreißen«, »Es ist doch nur eine Prüfung.« Doch dein Körper glaubt dir nicht – weil das Gefühl im Körper stärker ist als jeder noch so kluge Gedanke. Warum? Weil Regulation keine kognitive Aufgabe ist. Sondern eine körperliche. Und vielleicht hast du die schlimme Referenzerfahrung niemals richtig körperlich verarbeitet, dir nach der schlimmen Erfahrung nie die Sicherheit gegeben, dass es doch nicht so schlimm war. Und genau hier beginnt deine Chance: Wenn du lernst, in solchen Momenten *nicht nur* nachzudenken, sondern deinen Körper zu spüren, kannst du das alte Stressmuster *bottom-up* beeinflussen. Was du also in genau diesen Momenten tun kannst, wenn du deine Prüfungsangst wieder spürst oder vielleicht sogar direkt bei der Prüfung, ist, deinem Körper das Gefühl von Sicherheit zu vermitteln. Deinem Körper zu zeigen, dass er sich nicht anspannen muss, dass die Atmung nicht flach werden muss, weil du nicht in Gefahr bist. Es passiert faktisch nichts bei einer Prüfung. Du bleibst also zum Beispiel mit deiner Aufmerksamkeit bei deiner Atmung und atmest tief durch. Dann lässt du deinen Körper sanft ausschütteln. Du legst deine Hand auf dein Herz und gibst dir durch Berührung das, was du vielleicht früher gebraucht hättest: Sicherheit. Und du sagst deinem Körper durch Erfahrung – nicht durch Denken: »Es ist okay. Ich bin da. Wir schaffen das.« Du kannst ätherische Öle verwenden, um das limbische System (dein Emotionszentrum, das z. B. die Emotion Angst produziert) zu regulieren. Du kannst eine Klopfübung machen, bilaterale Stimulationsmusik hören, du kannst etwas saures essen. Tu auf jeden Fall etwas, dass deinen Körper spüren lässt, dass alles gut ist. Und das geht am besten über die fünf Sinne (Sehen, Hören, Riechen, Schmecken, Fühlen). Das ist Regulation. Und das ist der Beginn von echter, nachhaltiger Veränderung. Nicht im Kopf – sondern im Nervensystem.

WENN ALTE WUNDEN HEUTE NOCH SCHMERZEN – VERLUSTANGST VERSTEHEN UND IM KÖRPER BEGLEITEN

Ein weiteres Beispiel, das du vielleicht kennst: Du hast in der Vergangenheit eine oder mehrere negative Bindungserfahrungen gemacht. Vielleicht wurdest du betrogen, vielleicht hat dir das Leben ganz plötzlich einen geliebten Menschen weggenommen – und vielleicht hast du seit diesen Erfahrungen Verlustangst. Diese Verlustangst könnte deine Freundschaften und Beziehungen belasten, weil du bei jeder Kleinigkeit das Gefühl hast, dass dich diese Person wieder verlässt oder betrügt. Wahrscheinlich sitzt du zu Hause vor dem Handy, dein ganzer Körper ist auch hier wieder angestrengt und dein ganzes System ist auf Alarmbereitschaft. Deine Gedanken zaubern dir Horrorszenarien vor die Augen und du weißt nicht mehr ein oder aus. Schließlich schreibst du eine Nachricht an deine Partnerin oder deinen Partner, dass er oder sie gar nicht nach Hause kommen braucht, oder ob denn alles in Ordnung sei. Und während du diese Nachricht tippst, spürst du eigentlich schon, dass etwas in dir überreagiert – aber du kannst es nicht stoppen. Dein Nervensystem ist im Überlebensmodus. Es sendet Alarm, weil es sich an alte Verluste erinnert. Du bist nicht in der Gegenwart, sondern im inneren Wiedererleben von damals. Dein Körper glaubt, er müsse dich schützen. Und so tust du etwas, das du vielleicht später bereust. Aber in diesem Moment konntest du gar nicht anders – weil dein inneres System nicht reguliert war. Auch hier gilt: Dein Verstand weiß vielleicht, dass keine reale Gefahr besteht. Doch dein Körper fühlt etwas anderes. Und dieses Gefühl ist so intensiv, dass du versuchst, es mit Kontrolle oder Rückzug zu kompensieren. Vielleicht forderst du Nähe ein, vielleicht distanzierst du dich – beides sind Versuche, dich vor einem inneren Schmerz zu schützen. Und genau deshalb ist Regulation so wichtig. Denn in Momenten wie diesen brauchst du nicht nur Worte oder Logik – du brauchst Halt. In dir und in deinem Körper. Du darfst also beginnen, diese Gefühle im Körper zu begleiten, anstatt sie zu unterdrücken oder mit Gedanken zu bekämpfen. Lege eine Hand auf dein Herz und sage dir innerlich: »Ich bin da. Ich halte mich. Ich bin in Sicherheit. Meine Gedanken sind nicht die Wahrheit. Sie sind wie Wolken am Himmel, sie ziehen vorüber.« Damit gibst du deinem System das, was es damals nicht hatte: eine achtsame, präsente Begleitung durch den Schmerz. Und mit jeder Erfahrung dieser Art wird dein Nervensystem lernen: Ich muss nicht mehr fliehen. Ich kann bleiben und ich bin sicher.

Jedes Mal, wenn du dich in einer herausfordernden Situation selbst sabotierst oder dir selbst gegenüber kritisch bist, steckt dahinter ein kleines Kind, das nie gelernt hat, sich selbst Mitgefühl und Verständnis entgegenzubringen. Vielleicht wurde dir als Kind nie beigebracht, wie wichtig es ist, sich selbst zu lieben und zu unterstützen, und deshalb fällst du in alte Muster zurück, wenn du mit Stress konfrontiert bist.

SPANNENDE SIDEFACTS

Wusstest du, dass das Nervensystem bis zu 80 Prozent seiner Informationen vom Körper ins Gehirn sendet – und nicht umgekehrt? Diese Zahlen stammen aus Studien zur Polyvagal-Theorie von Stephen Porges. Das bedeutet: Dein Körper »spricht« viel häufiger mit deinem Gehirn als dein Gehirn mit deinem Körper. Genau deshalb ist es so wichtig, Regulation über den Körper zu lernen – und nicht nur über Gedanken. Auch faszinierend: Studien zeigen, dass langsames Ausatmen (vor allem, wenn es über sechs Sekunden dauert) den Vagusnerv aktiviert und Stressreaktionen messbar senkt. Schon wenige Minuten bewusster Atmung täglich wirken wie ein Training für dein parasympathisches Nervensystem.

Ein unterschätzter, aber wirkungsvoller Mechanismus: Rhythmus reguliert. Ob über Musik, bilaterale Klänge oder rhythmische Bewegungen – das Gehirn liebt Vorhersehbarkeit. Studien mit traumatisierten Menschen zeigen, dass rhythmische Reize die Selbstwahrnehmung und das Gefühl von Sicherheit im Körper stärken. Auch spannend: Körperliche Regulation beeinflusst deine kognitiven Fähigkeiten. Wenn dein Körper ruhig ist, kann dein präfron-

taler Kortex besser arbeiten – du wirst kreativer, klarer, lösungsorientierter. Regulation ist also keine emotionale Schwäche, sondern eine mentale Superpower. Und zuletzt: Wissenschaftlerinnen und Wissenschaftler konnten in bildgebenden Verfahren (fMRT) beobachten, dass achtsame Körperwahrnehmung (z. B. Body Scans oder somatische Übungen) die Aktivität in Gehirnarealen erhöht, die mit Selbstmitgefühl, Emotionsregulation und Entscheidungsfähigkeit verbunden sind.

Zusammenfassung

- Regulation beginnt im Körper.
- Bottom-up-Methoden bringen Sicherheit – nicht reine Logik.
- Spüren statt analysieren schafft neue Handlungsräume.
- Jede körperlich gespeicherte Erfahrung kann überschrieben werden – durch neue, sichere Erfahrungen.

REFLEXIONSFRAGEN

- In welchen Momenten versuchst du, dich eher »runterzudenken«, statt zu spüren?
- Welche körperlichen Signale zeigen dir, dass dein Nervensystem in Alarmbereitschaft ist?
- Welche Form der körperlichen Regulation fühlt sich für dich besonders gut an?
- Wann hast du zuletzt bemerkt, dass ein Gedanke gar nicht die Wahrheit war, sondern eine alte Angst?
- Was wäre ein kleiner, sicherer Schritt, um deinen Körper in schwierigen Situationen bewusster zu begleiten?

DAS KANNST DU JETZT TUN

- Eine Technik auswählen und sieben Tage lang morgens/abends üben.
- Journalfrage: »Was fühlt mein Körper gerade? Welche Haltung kann ich ihm schenken?«
- Surf-Moment: Bei der nächsten kleinen Welle bewusst regulieren – nicht erst bei einer großen.

Nachdem du nun deine ersten Surfstunden erlebt hast – in denen du gelernt hast, deine inneren Wellen zu spüren und deinen Körper als Anker zu nutzen – ist es an der Zeit, diese Fähigkeiten in tiefer Sicherheit zu verankern.

In Kapitel 8 geht es um die ersten erfolgreichen Wellenritte: Wie du im Umgang mit deinen Emotionen eine stabile Basis aufbaust, die dich trägt, wenn es stürmisch wird. Dies ist der Moment, an dem Übung zur inneren Gewissheit wird. Du beginnst, deine Muster zu erkennen und zu verstehen, wie du dich nicht mehr von ihnen überwältigen lässt. Du lernst, dich selbst zu beobachten, Lücken mit Mitgefühl zu füllen und deine Gefühle so anzunehmen, wie sie sind – als kraftvolle Wegweiser, nicht als Feinde. Der Weg wird spürbar stabiler, du kannst immer öfter im Fluss bleiben, statt gegen die Wellen anzukämpfen.

Bereite dich darauf vor, mit mir gemeinsam die Stille nach dem Sturm zu erkunden – jenen Raum, in dem Integration und Kommunikation wachsen können. Denn Sicherheit ist der Boden für echte emotionale Reife.

Platz für deine Gedanken

Platz für deine Gedanken

Kapitel 8
Die Stille nach dem Sturm – Integration

Es gab viele Zeiten in meinem Leben, wo ich mich mit allen möglichen Dingen abgelenkt habe. Ich habe geraucht, viel Alkohol getrunken, war ständig unterwegs, habe mich überarbeitet und ich hatte immer irgendwas zu tun. Wenn ich mal nichts zu tun hatte, habe ich mich mit Serien oder dem Handy abgelenkt, was, und das ist mir hier wichtig, zu sagen, völlig normal ist. Wir wachsen in einer Gesellschaft auf, die Funktionieren, Machen und Tun feiert und in der es verpönt ist, außerhalb eines eingetragenen Urlaubs »einfach mal nichts zu tun«. Ich konnte lange Zeit mit »nichts tun« gar nicht umgehen. Es fühlte sich leer an. Nutzlos. Als würde etwas in mir beginnen, laut zu werden, sobald im Außen Ruhe einkehrte. Heute weiß ich: Diese innere Unruhe war nichts anderes als all die Gefühle, die ich so lange nicht fühlen wollte. Die Wellen, die ich immer wieder versucht habe, zu kontrollieren, zu vermeiden, zu unterdrücken.

Und irgendwann kam der Punkt, an dem ich nicht mehr anders konnte. Mein Körper hat mich ausgebremst. Kein Alkohol, kein Sport, kein Serienmarathon hat mehr geholfen, weil das, was in mir gefühlt werden wollte, sich nicht mehr betäuben ließ. Ich musste lernen, zu akzeptieren, dass es da Emotionen gibt, die ich nicht auslöschen kann. Die nicht weggehen, weil ich versuche, mir mein Leben schönzureden oder mich abzulenken. Wir sind fühlende Wesen und die gesamte Gefühlspalette lebt in uns, wir können keines davon einfach auslöschen. Emotionsakzeptanz heißt, alle eigenen Gefühle, auch unangenehme oder schmerzhafte, bewusst wahrzunehmen und anzunehmen, ohne sie zu bewerten oder zu verdrängen. Und ja, das braucht Mut und Geduld, aber nur so kannst du beginnen, wirklich zu regulieren. Es bedeutet, dass du dich selbst in deinem Erleben anerkennst. Dass du nicht mehr gegen deine Emotionen arbeitest, sondern sie in dein Leben einlädst, als das, was sie sind: Wegweiser. Ausdruck deiner Menschlichkeit. Und immer wieder eine Chance, dir selbst liebevoll zu begegnen.

SELBSTBEOBACHTUNG – DER ERSTE SCHRITT ZUR VERÄNDERUNG

Wir alle legen bestimmte Verhaltensmuster an den Tag. Dahinter, und das weißt du jetzt bereits aus diesem Buch, steckt immer ein Gefühl und ein Bedürfnis. Inzwischen kennst du bereits meine Verhaltensmuster bzw. Kompensationsstrategien, die ich früher an den Tag gelegt habe. Laut werden, Rückzug, Zigaretten und Alkohol haben mir dabei geholfen, nicht fühlen zu müssen. Der erste Schritt, den du heute gehen darfst, ist nun, auch deine Muster zu erkennen. Wie reagiere ich auf bestimmte Trigger? Welche Gedanken wiederholen sich? Welche Sätze sage ich mir immer wieder, wenn ich mich schlecht fühle? Und vor allem: Wie spreche ich mit mir – und mit anderen?

Und ja, das ist unangenehm, denn hier musst du zum ersten Mal die Stille nach der Welle aushalten. Zum ersten Mal musst du im Meer schwimmen, dich über Wasser halten und dir Gedanken machen, wie du auf die nächste Welle reagieren möchtest. Hier beginnt ein wichtiger Aspekt, den du brauchst, um die inneren Wellen reiten zu können: die Selbstbeobachtung. Selbstbeobachtung ist die bewusste und systematische Wahrnehmung der eigenen Gedanken, Gefühle und Verhaltensweisen. Und

Selbstbeobachtung schenkt uns emotionale Kompetenz, denn wenn wir uns selbst bewusstwerden, was wir fühlen, was wir denken und wie wir deshalb handeln, verbessert sich so viel.

Selbstbeobachtung ist wie das Licht einer Taschenlampe, das du langsam auf die inneren Räume richtest, die bisher im Dunkeln lagen. Vielleicht findest du dort einige alte Überzeugungen wie »Ich muss stark sein«, »Ich darf niemandem zur Last fallen«, »Ich bin nur wertvoll, wenn ich etwas leiste«. Vielleicht findest du alte Sätze deiner Kindheit – Stimmen, die nie deine waren, aber sich so sehr eingeprägt haben, dass du sie heute selbst weiter flüsterst. Diese Stimmen formen deine Reaktionen zu diesen Überzeugungen. Sie erklären, warum du dich zurückziehst, bevor du verletzt wirst. Warum du dich anstrengst, um geliebt zu werden. Warum du dich selbst kleinmachst, wenn du Anerkennung bekommst.

MIT MITGEFÜHL SEHEN, NICHT MIT HÄRTE

Die Selbstbeobachtung lädt dich dazu ein, all das mit Mitgefühl zu sehen – nicht mit Härte. Es auszuhalten. Dich (aus)zuhalten. Du sollst dich nicht bewerten, sondern verstehen, denn erst wenn du verstehst, kannst du wählen. Du kannst dann sagen: »Aha, da ist wieder mein Rückzugs-Muster. Ich erkenne das. Aber ich bin heute erwachsen und diese Situation ist nicht dieselbe wie damals. Ich kann heute neu wählen, wie ich reagieren will.« Und mit jeder bewussten Entscheidung, eine neue Reaktion zu wählen, entsteht ein neuer Weg. Ein neuer Muskel für emotionale Reife. Ein neues Surfmanöver auf deiner inneren Welle. Und manchmal tut das weh, weil du plötzlich spürst, was du jahrelang nicht fühlen wolltest. Weil du dich erinnerst, wie sehr du dich selbst verlassen hast, um dazugehören zu dürfen. Weil du erkennst, wie oft du deine eigenen Bedürfnisse übergangen hast, um für andere stark zu sein. Aber genau hier – in diesem ehrlichen Sehen – beginnt Heilung.

DIE WAHRHEIT BEFREIT

Selbstbeobachtung bringt dich nicht sofort in die Ruhe, aber sie bringt dich in die Wahrheit. Und die Wahrheit hat eine ganz besondere Eigenschaft: Sie macht dich frei. Frei, neue Entscheidungen zu treffen. Frei, dich so zu zeigen, wie du bist. Frei, langsam das loszulassen, was dir nicht mehr dient. Und je mehr du dich beobachtest, desto tiefer wächst auch deine Emotionsakzeptanz. Du hörst auf, gegen dich selbst zu kämpfen. Statt »Warum bin ich so?« fragst du dich vielleicht bald: »Was braucht der Teil gerade in mir, der sich so fühlt?« Du erkennst, dass Wut dich beschützen wollte. Dass Traurigkeit dich erinnern wollte. Dass Angst dich nicht blockieren, sondern bewahren wollte. So beginnt Integration: wenn alle inneren Stimmen, alle Gefühle, alle Anteile ihren Platz bekommen. Wenn du aufhörst, dich selbst zu übertönen und abzulenken und stattdessen zuhörst. Dir selbst, deinem Körper und deinen wahren Bedürfnissen. Und irgendwann kommt der Moment, wo du in einer Situation bist, die dich früher überfordert hätte, und du bleibst bei dir. Weil du plötzlich dein Muster erkennst, weil du wahrnimmst, was gerade passiert und was die altbekannte Reaktion wäre. Und dann entscheidest du neu, reagierst neu. Und das ist der schönste Moment der inneren Arbeit: wenn du beginnst, dich selbst in deinem ganzen Sein zu erkennen und zu halten.

STREITKULTUR – EMOTIONEN IN BEZIEHUNG BRINGEN

Auf was ich in diesem Kapitel auch noch eingehen möchte, weil es einen essenziellen Teil der Emotionsarbeit ausmacht, ist die Streitkultur, die du kennengelernt hast, und die Kommunikation, die du an den Tag legst. Denn dich zu regulieren und zu erkennen, warum du wie reagierst, und das gegebenenfalls auch zu ändern, ist (leider) »nur« die halbe Miete. Es gibt noch einen sehr wichtigen Aspekt, den wir nicht auslassen sollten, nämlich dass du lernen darfst, deine Emotionen auch in deinen Beziehungen auszudrücken. Und hier beginnt der (für mich) schwierigere Part an der ganzen Sache mit unseren Emotionen, denn hier stoßen die meisten von uns an ein gesellschaftliches Trauma, nämlich ein Entwicklungstrauma, das uns nie gelehrt hat, offen über unsere Gefühle zu sprechen. Ich habe dir bereits in anderen Kapiteln erzählt, was es mit uns macht, wenn wir als Kinder auf unser Zimmer geschickt werden und unsere Gefühle allein ausbaden müssen. Wir eignen uns Schutzmechanismen an, versuchen, unseren Schmerz zu kompensieren und mit unseren Gefühlen allein klarzukommen, weil wir als Kinder merken: Da ist niemand, der uns da durchbegleitet. Da ist niemand, dem ich meine Emotionen zeigen kann. Meine Emotionen sind falsch. Und das ist ein großer Aspekt der Emotionsregulation – nachdem wir verstanden haben, dass unsere Emotionen keinesfalls falsch sind, andere über unsere Emotionen und Gefühle zu informieren. Ihnen zu erzählen, wie wir uns fühlen.

KOMMUNIKATION ALS SPIEGEL DER INNEREN ARBEIT

Was antworten denn die meisten Menschen, wenn man sie fragt, wie es ihnen heute geht? In den ersten Sekunden mit einem automatisierten »Gut danke, dir?«. Aber wirklich innehalten und reinspüren, was man gerade fühlt, und das dann ehrlich mitzuteilen, machen die wenigsten. Was auch hier wieder völlig logisch ist, denn wenn wir beigebracht bekommen, dass jegliche Emotion zu viel ist, warum sollten wir uns dann sicher fühlen, sie zu zeigen und auszusprechen?

Das Spannende und gleichzeitig Schmerzvolle an Kommunikation ist, dass sie wie ein Spiegel für unsere inneren Prozesse wirkt. Es ist vergleichsweise »einfach«, im stillen Kämmerlein zu reflektieren, ein Tagebuch zu schreiben oder sich über eine Meditation zu regulieren. Doch in zwischenmenschlichen Beziehungen, besonders in nahen, verletzlichen, zeigt sich, wie weit wir in unserer inneren Arbeit wirklich gekommen sind. Denn genau dort, wo ein anderer Mensch mit seiner eigenen Unsicherheit, seinen eigenen Triggern und Wunden vor uns steht, werden auch unsere Anteile wieder aktiviert.

Streitkultur und emotionale Kommunikation sind keine angeborenen Fähigkeiten, sie sind erlernte Muster. Und diese Muster basieren auf unserer frühesten Prägung: Wurde uns zugehört? Durften wir widersprechen, ohne Liebesentzug zu befürchten? Durften wir sagen: »Ich bin wütend, traurig, enttäuscht«, ohne dass sofort zurückgeschrien, beleidigt oder abgewertet wurde? In den meisten Fällen lautet die Antwort: Nein. Was das mit dir macht? Es sorgt dafür, dass du Konflikte vermeidest oder eskalierst, und in beiden Fällen deine Gefühle nicht wirklich in Beziehung bringst. Vielleicht gehörst du zu den Menschen, die sich lieber zurückziehen, sobald eine Diskussion lauter wird. Vielleicht wirst du überdeutlich, greifst an, redest *über* deinen Partner statt *mit* ihm. Vielleicht erklärst du nüchtern deine Gedanken, während dein Gegenüber innerlich emotional verhungert. All das sind Schutzmechanismen – und sie sind okay. Aber sie verhindern Verbindung.

Denn emotionale Verbindung entsteht nicht durch »recht haben« – sie entsteht durch Verletzlichkeit. Durch das Risiko, nicht verstanden zu werden. Durch den Mut, deine Emotionen so in Worte zu fassen, dass dein Gegenüber dich nicht nur hört, sondern wirklich *fühlt*. Und genau hier stoßen wir an die Grenze, wo es richtig herausfordernd wird: Es reicht nicht, deine Wut zu regulieren. Du musst auch lernen, sie auszudrücken – ohne sie auf andere zu schleudern. Streitkultur bedeutet nicht, nie zu streiten. Es bedeutet, einen sicheren Rahmen für Emotionen zu schaffen. Nicht um zu gewinnen, sondern um sich zu begegnen. Und diese Form der Streitkultur beginnt mit Selbstverantwortung. Mit dem Erkennen: »Ich bin gerade getriggert – und das hat vielleicht weniger mit dir zu tun als mit mir selbst.« Je besser du dich kennst, je klarer du deine inneren Prozesse beobachten kannst, desto authentischer kannst du kommunizieren. Du kannst sagen: »Ich spüre gerade, dass ich in einen alten Modus rutsche. Ich will nicht dichtmachen oder laut werden – aber ich brauche einen Moment.« Allein dieser Satz kann einen Streit komplett deeskalieren. Denn dein Gegenüber sieht: Du bist nicht *gegen* ihn – du bist *für* dich. Kommunikation wird dann zur Brücke – nicht zur Waffe. Und emotionale Reife zeigt sich darin, dass du nicht mehr impulsiv reagierst, sondern bewusst antwortest. Das ist kein Zeichen von Schwäche – sondern ein Akt der Liebe. Liebe zu dir selbst, weil du dich nicht mehr verlässt. Liebe zu deinem Gegenüber, weil du bereit bist, dich mitzuteilen, statt dich zu verschließen.

UNSERE INNEREN KOMMUNIKATIONSMUSTER VERSTEHEN

Ein spannender Zugang, um unsere inneren Kommunikationsmuster zu verstehen, kommt von der Familientherapeutin **Virginia Satir**. Sie hat erkannt, dass wir in emotional herausfordernden Situationen ganz bestimmte Reaktionsmuster zeigen – meist unbewusst, automatisch und tief geprägt durch unsere Kindheit und unsere frühen Bindungserfahrungen. Diese Muster sind Schutzstrategien, die einst überlebenswichtig waren – sie haben uns geholfen, in einer vielleicht unsicheren oder emotional überfordernden Umgebung irgendwie klarzukommen. Heute jedoch verhindern sie oft genau das, was wir uns wünschen: echte Verbindung.

Die vier Hauptmuster nach Satir

1. Beschwichtigen – »Ich mache alles, damit du bleibst.«

Menschen mit diesem Muster sind meist sehr freundlich, angepasst und bemüht, es allen recht zu machen. Sie suchen Anerkennung, vermeiden Konflikte und haben oft große Angst vor Ablehnung oder Verlassenwerden. Hinter dem Beschwichtigen steckt ein tiefes Bedürfnis nach Zugehörigkeit – und die Angst, dass dieses verloren gehen könnte, wenn man »zu viel« ist, aneckt oder eigene Bedürfnisse zeigt.

Ein Beispiel: Statt zu sagen: »Ich bin wütend, dass du zu spät kommst«, sagt man: »Ach, ist nicht so schlimm – ich bin sowieso gern allein.«

Was dahinter liegt: ein Gefühl von Abhängigkeit, oft auch ein geringes Selbstwertgefühl. Die Botschaft dahinter ist: »Ich bin nur liebenswert, wenn ich keine Probleme mache.«

2. Anklagen –
»Du bist schuld, dass es mir schlecht geht.«

Dieses Muster wirkt nach außen stark, laut oder sogar aggressiv – doch im Inneren steckt oft eine große Einsamkeit und tiefe Sehnsucht nach Gesehenwerden. Wer anklagt, übernimmt selten Verantwortung für seine eigenen Gefühle, sondern sucht Schuld im Außen. Kritik, Kontrolle und Schuldzuweisungen sind Strategien, um nicht mit der eigenen Ohnmacht oder Verletzlichkeit in Kontakt kommen zu müssen.

Beispiel: »Immer machst du, was du willst! Nie denkst du an mich!«

Was dahinter liegt: Das Grundgefühl ist Einsamkeit oder Angst vor Kontrollverlust. Die Strategie ist Schutz durch Angriff – nach dem Motto: »Wenn ich dich angreife, muss ich mich selbst nicht spüren.«

3. Rationalisieren –
»Ich bleibe im Kopf, um nichts fühlen zu müssen.«

Menschen mit diesem Muster argumentieren logisch, sachlich, wirken gefasst – fast emotionslos. Sie neigen dazu, sich auf Fakten zu konzentrieren und Gefühle aus dem Gespräch herauszuhalten. Dahinter steckt meist eine tiefe Überforderung im Umgang mit emotionalen Zuständen – sei es den eigenen oder jenen der anderen. Emotionen werden als unsicher, irrational oder gar gefährlich empfunden.

Beispiel: »Wir sollten jetzt nicht emotional werden. Lass uns sachlich bleiben und zuerst die Fakten analysieren.«

Was dahinter liegt: ein Gefühl von Ausgeliefertsein oder Überforderung. Die Botschaft ist: »Wenn ich alles im Griff habe, kann ich nicht verletzt werden.«

4. Rückzug –
»Ich verschwinde, weil ich nicht weiß,
wie ich bleiben kann.«

Menschen mit diesem Muster tauchen in Stresssituationen innerlich oder äußerlich ab: Sie schweigen, ziehen sich zurück, sind nicht erreichbar oder verlassen sogar wortlos den Raum. Dieses Muster zeigt sich oft bei jenen, die in ihrer Kindheit gelernt haben, dass Rückzug die einzige sichere Reaktion ist. Oft war niemand da, der sie emotional begleiten konnte – also wurde Flucht zur besten Überlebensstrategie.

Beispiel: schweigen nach einem Streit. Oder: »Mir ist das alles zu viel. Ich geh dann mal.«

Was dahinter liegt: Hilflosigkeit. Die Botschaft lautet: »Ich weiß nicht, wie ich hier sein darf – also geh ich lieber.«

Schutzmuster erkennen und neue Wege gehen

All diese Muster sind keine »Fehler« – sie sind Ausdruck deiner Überlebensintelligenz. Aber sie stehen dir heute womöglich im Weg, wenn du echte Nähe, klare Kommunikation und emotionale Verbindung leben willst. Der erste Schritt zur Veränderung ist immer das Erkennen. Je besser du deine Muster verstehst, desto bewusster kannst du neue Wege einschlagen.

- **Statt zu beschwichtigen, darfst du sagen: »Ich habe Angst, dass du gehst – aber ich will trotzdem ehrlich sein.«**
- **Statt anzuklagen, kannst du sagen: »Ich fühle mich verletzt – und ich wünsche mir, dass du das verstehst.«**
- **Statt zu rationalisieren, darfst du spüren: »Ich weiß nicht genau, was ich fühle – aber ich möchte es herausfinden.«**

- Statt dich zurückzuziehen, kannst du üben, zu bleiben: »Ich merke, dass ich am liebsten weglaufen würde – aber ich versuche, hierzubleiben.«
- Statt: »Du bist nie für mich da!«, kannst du sagen: »Ich merke gerade, dass ich mich allein gelassen fühle – und das tut weh.«
- Statt: »Immer muss ich alles alleine machen!«, kannst du sagen: »Ich wünsche mir, dass du mich mehr unterstützt – ich fühle mich überfordert.«

Das klingt vielleicht alles recht harmlos, aber es ist zutiefst heilend. Denn du lernst, bei dir zu bleiben. Du machst dich nicht abhängig davon, wie dein Gegenüber reagiert. Du bleibst bei deiner Emotion, benennst sie und gibst ihr Raum, ohne die Beziehung zu zerstören. Und ja: Das braucht Übung. Sehr viel davon. Denn dein System ist geprägt auf »Angriff oder Rückzug«. Aber mit jeder bewussten Entscheidung, deine Gefühle in Worte zu fassen, überschreibst du alte Muster. Du baust Vertrauen auf, in dich selbst und in die Beziehung. Dabei ist wichtig zu verstehen: Wir alle tragen eine individuelle emotionale Landkarte in uns. Manche Menschen kennen bestimmte Gefühle gar nicht. Andere erleben dieselbe Situation völlig anders als wir. Wenn du sagst: »Ich fühle mich verletzt«, heißt das nicht automatisch, dass dein Gegenüber das nachvollziehen kann. Aber es bedeutet, dass du dich zeigst. Und das ist der Anfang von echter Verbindung.

Du musst nicht perfekt kommunizieren. Du musst nur ehrlich genug sein, um gesehen zu werden, und mutig genug, dich nicht mehr zu verstecken.

Kongruenz: Die Sprache der Authentizität

Virginia Satir hat mit ihren Beschreibungen von Gesprächsmustern – Beschwichtigen, Anklagen, Rationalisieren und Rückzug – gezeigt, wie Menschen in Stressmomenten oft automatisch reagieren. Ihr eigentliches Ziel war jedoch ein anderes: Sie wollte den Weg hin zu **kongruenter Kommunikation** weisen. Kongruenz ist das Herzstück ihres Ansatzes – und gleichzeitig ein Schlüssel für ein erfülltes, echtes Miteinander.

Was Kongruenz bedeutet

Kongruenz heißt, dass das, was wir fühlen, denken und nach außen ausdrücken, im Einklang ist. Unsere Worte, unsere Körpersprache und unser inneres Erleben stimmen überein. Wir sind »echt«. Wenn wir kongruent sprechen, müssen wir nichts verstecken, niemanden beschwichtigen, nicht angreifen, nicht flüchten und uns auch nicht hinter logischen Argumenten verstecken. Wir dürfen einfach das zeigen, was gerade in uns lebendig ist – ehrlich, klar und gleichzeitig respektvoll.

Kongruenz bedeutet nicht, immer freundlich oder harmonisch zu sein. Es bedeutet vielmehr, **authentisch und wahrhaftig** zu sein. Ich darf traurig sein und das zeigen. Ich darf wütend sein und diese Wut benennen. Ich darf Nähe wollen oder Abstand brauchen – ohne mich dafür zu entschuldigen und ohne jemand anderem die Schuld zuzuschieben.

Warum Kongruenz so heilsam ist

Viele von uns haben in ihrer Kindheit gelernt, dass bestimmte Gefühle »zu viel« sind, dass Bedürfnisse »egoistisch« wirken oder dass man nur geliebt wird, wenn man brav, stark oder unauffällig ist. Die alten Gesprächsmuster sind Überlebensstrategien, die genau in diesem Kontext entstanden sind. Doch echte Nähe und Verbindung entstehen nicht, wenn wir uns verstecken – sondern wenn wir uns so zeigen, wie wir wirklich sind.

Kongruente Kommunikation bringt uns zurück in den Kontakt zu uns selbst. Und sie schafft Räume, in denen Begegnung möglich ist: weil mein Gegenüber nicht erraten muss, was in mir vorgeht. Weil ich Verantwortung für meine Gefühle übernehme und dadurch weder mich noch die andere Person verliere.

Wie man Kongruenz üben kann

Kongruenz entsteht Schritt für Schritt – indem wir uns selbst wieder zuhören und den Mut entwickeln, unsere innere Wahrheit nach außen zu tragen. Ein einfacher Weg, um das zu üben, sind drei kleine Schritte:

1. **Wahrnehmen:** Einen Moment innehalten und spüren: *Was fühle ich gerade wirklich?*

»Ich bin traurig …«, »Ich spüre Wut …«, »Ich fühle mich überfordert …«

1. **Verantwortung übernehmen:** Gefühle als meine eigenen benennen, statt sie auf andere zu projizieren.

»… weil mir Nähe wichtig ist.« / »… weil mir Verlässlichkeit wichtig ist.«

2. **Klar ausdrücken:** Den Wunsch oder das Bedürfnis offen kommunizieren – respektvoll und ohne Vorwurf.

»Es würde mir helfen, wenn du mir jetzt zuhörst.« / »Ich brauche zehn Minuten Ruhe.«

Am Anfang fühlt es sich oft ungewohnt an, vielleicht sogar riskant. Doch mit der Zeit spüren wir die Kraft, die darin liegt: Wir müssen nichts mehr spielen, nichts mehr verstecken, sondern dürfen uns zeigen – und erleben, dass wir damit nicht verlassen werden, sondern in echte Begegnung treten.

Kongruenz als Einladung
Satir sah in der Kongruenz eine Möglichkeit zur Heilung, weil wir dadurch lernen, uns selbst treu zu sein und gleichzeitig in Beziehung zu bleiben. Und genau darin liegt die Einladung, uns im Alltag immer wieder zu fragen, ob das, was wir sagen, fühlen und zeigen, übereinstimmt. Wenn wir in Einklang sind, entsteht eine Sprache, die ehrlich und nahbar ist, eine Sprache, die Verbindung schafft. Kongruenz ist keine perfekte Kommunikation, sie ist vielmehr der Mut, mit der eigenen Wahrheit präsent zu sein. Und genau darin liegt die tiefste Form von Nähe: zu uns selbst und zu den Menschen, die uns wichtig sind.

Wenn Offenheit auf Unverständnis trifft

Viele Menschen, die beginnen, ihre Emotionen bewusster wahrzunehmen und sie dann auch mutig zu kommunizieren, machen eine schmerzhafte Erfahrung: Sie öffnen sich und stoßen auf Schweigen. Auf Unverständnis. Auf Rückzug oder gar Ablehnung. (Auch hier merkst du wieder die Abwehrmechanismen, nur eben von deinem Gegenüber.) Das kann dich natürlich verunsichern. Besonders dann, wenn du selbst gerade erst gelernt hast, Worte für das zu finden, was lange Zeit nur als inneres Irgendwas spürbar war. Doch genau hier liegt ein wichtiger Punkt, den wir verstehen dürfen: Nicht alle Menschen können mit deiner neuen Offenheit umgehen. Und das hat nichts mit dir zu tun, sondern mit ihrem eigenen inneren System. Wenn du beginnst, ehrlich über deine Traurigkeit, Wut oder Angst zu sprechen, konfrontierst du dein Gegenüber möglicherweise unbewusst mit Gefühlen, die er oder sie selbst seit Jahren vermeidet. Viele Menschen haben nie gelernt, mit Emotionen präsent zu sein – weder mit ihren eigenen noch mit denen anderer. Deine Offenheit kann dann als Bedrohung empfunden werden. Als zu viel. Zu intensiv. Zu ehrlich. Und statt in Verbindung zu treten, ziehen sie sich zurück, machen dicht oder lenken ab. Nicht, weil du falsch bist – sondern weil ihr Nervensystem überfordert ist. Es ist nicht deine Aufgabe, die Reaktion anderer zu kontrollieren. Aber es ist deine Aufgabe, bei dir zu bleiben. Zu erkennen, dass deine Gefühle gültig sind – auch wenn sie nicht gespiegelt werden. Und dass deine Wahrheit ausgesprochen werden darf – auch wenn andere (noch) nicht bereit sind, sie zu hören. Manchmal führt emotionale Klarheit nicht sofort zu Verbindung. Aber sie ist ein Zeichen deiner Heilung. Und ein Angebot an echte Nähe – wenn dein Gegenüber eines Tages bereit ist, es anzunehmen. Je mehr du dich öffnest und lernst, wahrhaftig zu kommunizieren, desto eher öffnest du das Feld für dein Gegenüber, auch offen zu sagen, was in ihm vorgeht.

Meine erste bewusste Erfahrung mit ehrlicher Kommunikation

Ich möchte dir noch erzählen, wie meine erste Erfahrung war, als ich begonnen habe, bewusst meine Gefühle und Gedanken zu kommunizieren. Ich habe dir ja verraten, dass ich mich meistens zurückzog, nicht gesprochen und stattdessen von anderen erwartet habe, dass sie merken, was in mir los ist. Natürlich habe ich auf meiner Reise auch verstanden, dass das eine Erwartung ist, die mein Gegenüber niemals erfüllen kann. Und ich erinnere mich bis heute an die Situation, in der ich zum ersten

Mal ein ehrlich tiefgründiges Gespräch zu meinem Mann gesucht habe. Das klingt jetzt vielleicht erstmal absurd, weil man davon ausgeht, dass ein verheiratetes Paar sehr wohl kommuniziert, und ja, wir hatten bis zu diesem Zeitpunkt auch eine wunderbare Beziehung. Und dennoch saß ich überfordert von meiner Mama-Rolle abends oft zu Hause und habe geweint, allein im Zimmer, ohne dass mein Mann es mitbekommen hat. Unsere Tochter war eineinhalb Jahre alt und meine erste Panikattacke war ein paar Monate her. Ich habe dir bereits erzählt, dass sich danach für mich sehr viel verändert hat. Ich bin an mein inneres Meer gereist, habe gelernt, meine Gefühle für mich zu erkennen und zu benennen und mich zu regulieren. Und dennoch habe ich gemerkt, dass es immer wieder Situationen gab, die mich völlig aus der Bahn geworfen haben. Oft waren es die kleinsten Nachfragen von meinem Mann, wie zum Beispiel »Was sollen wir heute essen?«, die meine Überforderung auf den Höhepunkt trieben. An diesem Tag wurde ich nur wegen dieser einen Frage so unfassbar sauer, habe wieder einige Übung gemacht, um meine Wut zu regulieren, hab sie rausgelassen und trotzdem für mich gemerkt: Es ändert sich gerade nichts. Es änderte sich nichts, weil mein Gegenüber gar nicht wusste, was in mir eigentlich los war. Ich habe jeden Tag Hilfslosigkeit, Wut und Überforderung gefühlt, habe irgendwie versucht, damit klarzukommen – und genau hier lag das Problem. Ich habe (wieder) versucht, damit allein klarzukommen. Denn ich hatte ja die Tools, ich wusste ja, wie es geht.

An diesem Tag habe ich mir vorgenommen, das Gespräch mit meinem Mann zu suchen, in dem ich ihm ehrlich erzählte, was in mir vorging. Ich habe die Maus ins Bett gebracht, habe ihn gebeten, sich mit mir an den Esstisch zu setzen und zu reden, und mein Herz ist allein bei der Frage zu diesem Gespräch bereits in die Hose gerutscht. Mit zittriger Stimme waren meine einzigen Worte: »Ich kann nicht mehr« – und dann sind alle meine Dämme gebrochen. Ich habe geweint und weil ich mich geöffnet und mir selbst den Raum gegeben habe, darüber zu sprechen, was in mir los ist, sind die Worte aus mir geflossen. »Ich bin überfordert mit der ganzen Situation, ich habe Angst um unser Zuhause, ich weiß nicht, wie ich die nächste Zahlung leisten soll, wenn ich ständig nur bei unserem Kind bin, ich würde so gerne arbeiten, kann aber nicht und das schlechte Gewissen unserer Maus gegenüber frisst mich auf.« Nach einer Weile, in der nur ich gesprochen habe, habe ich meinen Mann angesehen und das Einzige, was er tat, war aufzustehen, und mich wortlos zu umarmen. In diesem Moment habe ich zum ersten Mal gespürt, was es heißt, sich seinem Gegenüber zu öffnen. Ich habe mich so sicher gefühlt, wie noch nie und verstanden: Es ist sicher, sich zu öffnen.

> **Heilung geschieht nicht durch Kontrolle, sondern durch das Erlauben, dass alles da sein darf, was du bisher verdrängt hast.**

SICHERHEIT ALS GRUNDLAGE FÜR VERBINDUNG

Und genau das ist der entscheidende Punkt: Damit wir uns öffnen können, brauchen wir Sicherheit. Ohne ein Gefühl von innerer oder äußerer Sicherheit wird keine noch so gute Kommunikationsregel, kein Wissen über Gefühle, keine noch so kluge Selbstreflexion dazu führen, dass wir uns zeigen können. Sicherheit ist die Grundlage für Verletzlichkeit, für Ehrlichkeit und für Nähe. Erst wenn unser Nervensystem registriert, dass wir in einem Raum sind, in dem uns nichts passiert, in dem wir angenommen und nicht bewertet werden, lässt es zu, dass wir unsere innere Wahrheit überhaupt spüren, geschweige denn aussprechen. Diese Sicherheit kann auf zwei Arten entstehen: durch den anderen und durch uns selbst. Ich durfte damals durch die stille, haltgebende Reaktion meines Mannes erleben, wie heilsam es ist, von einem anderen Menschen nicht beurteilt, sondern einfach gehalten zu werden. Aber ich weiß auch: Hätte ich mir nicht selbst erlaubt, verletzlich zu sein, wäre dieser Moment nie entstanden. Ich musste zuerst für mich den Entschluss fassen, zu sprechen, auch wenn ich Angst hatte, dass meine Worte nicht verstanden werden. Ich musste lernen, mir selbst diesen Raum zu geben. Und genau hier liegt ein machtvoller Hebel: Wenn wir beginnen, uns selbst sicher zu sein, also mit unseren Emotionen präsent zu bleiben, unsere Wellen zu reiten, ohne innerlich abzuhauen – dann wächst in uns ein stabiles Fundament. Ein innerer Ort, an dem wir uns gehalten fühlen. Und je öfter wir uns dort begegnen, desto weniger Angst haben wir davor, uns auch anderen zu zeigen. Sicherheit beginnt also nicht erst im Gespräch mit anderen – sondern in dem Moment, in dem du dich entscheidest, dir selbst zuzuhören. Wenn du beginnst, deinem inneren System zu vermitteln: Du bist nicht falsch. Du bist nicht zu viel. Ich bleibe. Auch wenn es stürmt. Auch wenn es weh tut.

Genau das ist der erste Schritt in die Verbindung mit dir selbst und dadurch auch mit den Menschen, die dich wirklich sehen können. Du lernst, zu sagen, was du fühlst, bevor es explodiert. Du beginnst, frühzeitig wahrzunehmen, wenn sich etwas in dir zusammenzieht, noch bevor dein Körper schreit, dein Herz rast oder du die Tür hinter dir zuschlägst. Du spürst die kleinen Impulse: ein Stirnrunzeln, ein inneres Zusammenzucken, ein schnelleres Atmen und anstatt sie zu übergehen, atmest du durch und sagst: »Da ist gerade Wut in mir.« Oder: »Ich merke, dass mich das verletzt hat.« Und manchmal reicht das schon, um nicht mehr in alte Muster zu kippen. Denn der Moment, in dem du aussprichst, was in dir lebendig ist, ist der Moment, in dem du bei dir bleibst und dich gleichzeitig für Beziehung öffnest. Es ist nicht wichtig, immer ruhig zu bleiben. Das war vielleicht früher das Ziel – weil du gelernt hast, dass starke Gefühle gefährlich sind, dass sie andere überfordern, dass sie dich angreifbar machen. Doch heute darfst du lernen: Es geht nicht darum, keine Emotionen mehr zu haben oder sie perfekt zu regulieren. Es geht darum, in Verbindung zu bleiben. Mit dir und mit dem Menschen vor dir. Auch wenn deine Stimme lauter wird. Auch wenn du weinst. Auch wenn du nicht sofort die richtigen Worte findest. Verbindung bedeutet nicht, immer gelassen und harmonisch zu sein, sondern echt. Da zu sein. Im Sturm. Im Zittern. Im Aussprechen. Integration heißt: Deine Emotionen dürfen Teil deines Lebens sein – ohne Kontrolle über dich zu haben. Sie dürfen fließen, sich zeigen, laut sein, ohne dich zu überfluten. Sie dürfen dich erinnern, was dir wichtig ist, ohne dich aus der Bahn zu werfen. Und du darfst lernen, sie zu halten. Wie Wellen, die du nicht mehr fürchtest, weil du weißt: Ich kann schwimmen. Ich gehe nicht unter. Ich darf fühlen und gleichzeitig handlungsfähig bleiben. Denn das ist echte emotionale Reife: nicht das Funktionieren trotz Gefühl, sondern das Handeln mit Gefühl. In Kontakt mit dir und in Verbindung mit dem Leben.

SPANNENDE SIDEFACTS

Gefühle sind nicht dafür gemacht, unterdrückt oder kontrolliert zu werden, sondern verstanden. Viele Menschen glauben, dass Emotionen gefährlich sind oder zu lange bleiben, doch die Wahrheit ist: Eine einzelne Emotion, wie z. B. Wut, wird vom Körper nur etwa 90 Sekunden lang in ihrer biochemischen Intensität ausgeschüttet, wenn wir sie nicht durch Gedanken weiter anheizen oder unterdrücken. Erst durch Grübeln, Ablenkung oder innere Widerstände halten wir Gefühle künstlich am Leben. Emotionale Unterdrückung, wie sie viele von uns unbewusst praktizieren, ist nicht nur seelisch belastend, sondern auch körperlich: Sie führt zu dauerhaft erhöhtem Blutdruck, einem aktiveren Stresssystem und psychosomatischen Beschwerden. Die Fähigkeit, sich selbst zu beobachten, also innezuhalten, zu reflektieren und zu benennen, was gerade innerlich geschieht, ist ein Schlüsselfaktor für emotionale Reife. Sie stärkt nachweislich den präfrontalen Kortex, den Teil deines Gehirns, der für bewusste Entscheidungen, Impulskontrolle und Selbstregulation zuständig ist. Je häufiger du das übst, desto leichter gelingt dir auch das Navigieren durch herausfordernde Gespräche. Und genau dort liegt ein weiterer Schlüssel: Kommunikation. Wenn du beginnst, über deine Emotionen zu sprechen, statt dich zurückzuziehen, zu beschwichtigen oder anzugreifen, signalisierst du deinem Gegenüber unbewusst Sicherheit. Neurobiologisch gesehen kann ehrliches, emotionales Teilen sogar den Herzschlag synchronisieren und das Nervensystem beruhigen. Besonders kraftvoll wirkt hier der Satz: »Ich fühle mich ...«, denn er aktiviert beim Gegenüber keine Abwehr, sondern öffnet einen Raum für Verbindung. Es geht also nicht darum, die perfekten Worte zu finden, sondern darum, deine eigene Wahrheit zuzulassen. Nicht für andere, sondern für dich.

Zusammenfassung

- Emotionsakzeptanz bedeutet, Gefühle weder zu verdrängen noch zu kontrollieren, sondern sie als Wegweiser zu begreifen.
- Selbstbeobachtung hilft dir, alte Muster zu erkennen und neue Reaktionen zu wählen, bewusst, statt automatisch.
- Kommunikationsmuster wie Rückzug, Beschwichtigen oder Anklagen sind Schutzmechanismen aus deiner Kindheit, sie dürfen gesehen und neu gewählt werden.
- Wahre Verbindung entsteht nicht durch Rechthaben, sondern durch Ehrlichkeit und Verletzlichkeit.
- Sicherheit in dir und in Beziehungen ist die Grundlage dafür, dass du dich öffnen und zeigen kannst.

REFLEXIONSFRAGEN

- In welchen Situationen lenkst du dich am liebsten ab – und was fühlst du, wenn du es nicht tust?
- Welche automatischen Reaktionen zeigen sich bei dir in emotional herausfordernden Momenten?
- Was fällt dir schwerer: deine Emotionen zu fühlen oder sie mitzuteilen?
- Welche alten Überzeugungen flüstern heute noch in dir, wenn du fühlst, dass du »zu viel« bist?
- Was würde sich in deinen Beziehungen verändern, wenn du beginnst, deine Gefühle früher und klarer zu kommunizieren?

DAS KANNST DU JETZT TUN

- **Sanftes Beobachten:** Wenn heute ein unangenehmes Gefühl auftaucht, betrachte es wie eine Welle, die kommt und geht.
- **Selbstmitgefühl üben:** Lege eine Hand auf deine Schulter und sage innerlich: *Ich bin für dich da.*
- **Reflektiere:** Welche alten Muster tauchen in Stressmomenten bei mir auf?

Jetzt, da du gelernt hast, dich inmitten von Wellen zu bewegen, werden wir im nächsten Kapitel erkunden, was geschieht, wenn das Meer sich plötzlich verändert – wenn alte Strömungen dich zurückziehen wollen und du merkst, dass diese Reise keine gerade Linie ist, sondern ein Tanz zwischen Ebbe und Flut.

Platz für deine Gedanken

Kapitel 9
Das Meer gehört dir – Die neue Beziehung zu dir selbst

EIN MOMENT DER SELBSTBEGEGNUNG

Ich war in der Küche, die Kleine war gerade eingeschlafen, es war einer dieser Tage, an denen alles zu viel war. Nichts hat funktioniert, ich war erschöpft, mein Körper hat weh getan und ich wollte einfach nurmehr raus aus dem Haus. Ich lehnte an der Wand, rutschte langsam zu Boden und anstatt mir Vorwürfe zu machen, so wie früher – »Warum schaffst du das nicht?« oder »Jetzt reiß dich zusammen« – war da plötzlich dieser eine Gedanke: Du machst das verdammt gut, das darf jetzt so sein. Ich glaube, ich habe mich selbst in diesem Moment zum ersten Mal wirklich gesehen. Nicht als Ideal, nicht als Funktion, sondern als Mensch. Und ich habe mich umarmt, habe hingesehen, habe mir selbst Zuneigung geschenkt und bemerkt: Ich habe ein Gefühl in mir. Ich bin in Verbindung mit mir, muss nichts kompensieren oder in meinen Funktionsmodus rutschen, ich habe gemerkt: Das, was ich seit Monaten übe und praktiziere, greift langsam. Es verfestigt sich in meinem Unterbewusstsein. Ich will mich nicht mehr ablenken, ich will nicht mehr schön und kleinreden, was sich wie eine riesige Flut in mir zusammenbraut. Ich will fühlen und diese Gefühle zeigen und anderen davon erzählen. Seither fallen mir viele Situationen auf, die sich für mich verändert haben. Zum Beispiel bin ich früher in einem Streit immer davongelaufen und habe mich zurückgezogen oder bin auf Angriff gegangen. Früher hätte ich meine Jacke genommen, wäre in den Wald gegangen, hätte in mein Kissen geschrien, vielleicht sogar eine Freundin angerufen, mein Gegenüber beschuldigt für meine Emotionen und mich dabei selbst vergessen. Heute bleibe ich ruhig, ich schaffe es in den meisten Situationen, durchzuatmen. Ich setze mich auf den Boden, ich weine, aber nicht so, dass ich mich verloren fühle, sondern so, dass ich bei mir bin. Es mir erlaube, mir zuhöre, nicht erwarte, dass jemand kommt und mich rettet, sondern mein eigener Halt bin. Und wenn ich nicht mein eigener Halt sein kann, weil ich spüre, dass die Welle zu groß ist, gehe ich in Verbindung mit anderen. Ich schreibe meinem Mann, dass heute ein mieser Tag ist, oder frage eine Freundin, ob sie kurz eine Minute hat, damit ich mich auskotzen kann. Ohne eine Lösung oder einen Gegenvorschlag zu erwarten, einfach kurz mitzuteilen, dass gerade alles blöd ist. Denn wenn man das getan hat, kommen meistens die Lösungsvorschläge ganz von allein aus dem eigenen Inneren. Natürlich habe ich heute auch noch Tage, an denen ich weniger gut kommunizieren kann. An denen die Wellen in mir so groß sind und ich nicht weiß, wie ich sie surfen soll. Und auch hier reicht dann schon ein einfaches »Ich habe einen miesen Tag und kann nicht genau benennen warum«, um in Verbindung mit mir und anderen zu kommen. Ich bin gereift, was meine Gefühle und Emotionen angeht. Gereift, was meine Kommunikation und meine Beziehungen angeht. Und es ist wunderbar, das im Alltag selbst immer wieder zu erleben.

Viele kleine, stille Erfolge

Vielleicht hast du jetzt diesen ersten Absatz gelesen und dir gedacht: »Schön für dich. Aber wie komme ich genau da hin?« Und ich verstehe das so gut. Ich habe mich das auch immer gefragt, wenn ich mich mit Menschen auseinandergesetzt habe, die meiner Meinung nach »gut reguliert« waren oder ein reguliertes Nervensystem hatten, gut kommunizieren konnten und das, was sie aus Büchern gelernt hatten auch wirklich umgesetzt haben. Ich habe mir da früher auch oft ganz viel Stress gemacht, weil ich das Gefühl hatte, ich müsste jetzt sofort all das auch physisch schaffen, was ich psychisch weiß. Ich möchte dir hier nochmals mitgeben: Du hältst deine bisherigen Muster schon sehr lange aufrecht und sie haben dir gedient, sie haben dich beschützt. Diese Muster von heute auf morgen zu verändern, wäre eine Gefahr für deinen Körper. Gib dir also bitte Zeit, kleine Veränderungen in deinen Alltag zu integrieren. Weißt du, Nervensystem-Regulation, Emotionsregulation und all das, was du hier in diesem Buch gelesen hast, ist kein Zustand, den man erreichen kann, und dann ist das Thema für immer abgeschlossen.

Es gibt kein »Jetzt habe ich es geschafft«, »Jetzt bin ich geheilt«, »Jetzt habe ich es vollbracht«, denn es wird immer wieder Momente in deinem Leben geben, die dich triggern, weil du wieder eine Schicht tiefer in deiner Arbeit an dir selbst gekommen bist. Es geht vielmehr um ein ganz leises »Wow, ich erkenne mich, ich erkenne, wie ich gerade gerne reagieren würde, weil ich es von früher kenne und schaffe es, diesmal anders zu reagieren«. Es sind viele kleine Erfolge, die dir vielleicht anfangs gar nicht bewusst sind, und die du erst im Nachhinein wahrnimmst. In diesen Momenten geschieht das, was man Integration nennt. Nicht, weil du alles verstehst. Sondern weil du fühlst, durchlebst, wiederholst, neues Verhalten integrierst, Gefühle integrierst. Du merkst zum Beispiel, dass du nicht mehr sofort dichtmachst, wenn dich etwas triggert. Du bleibst. Du fühlst. Du atmest. Du flüchtest nicht mehr aus dem Gespräch. Du beschuldigst nicht mehr dein Gegenüber für deinen Schmerz. Du nimmst deine Welle wahr und du surfst sie. Mal eleganter, mal chaotischer. Aber du bist auf dem Brett. Und genau dann, wenn diese Momente passieren, beginnt dieses innere Zuhause, zu wachsen – ein Ort, wo du nicht mehr so tun musst, als wärst du kaputt und müsstest dich heilen, wo es keine »perfekte Version« und kein »Higher Self« von dir gibt, sondern nur noch DICH, die wahre, rohe Version von dir selbst. Du verstehst endlich, dass du so sein kannst, dich so zeigen kannst, mit all deinen Gefühlen, Gedanken, Sorgen, Ängsten, Freuden. Integration heißt: Ich lebe, was ich fühle. Und ich fühle, was ich lebe.

Gefühle leben, statt sie zu verdrängen

Es geht nicht darum, dass du nie mehr wütend oder traurig bist, denn das ist nicht das Leben. Wie gesagt, ich bin kein Fan (mehr) davon, so zu tun, als gäbe es das alles nicht und als würden wir uns ein schlechtes Leben manifestieren, nur wenn wir einmal alles blöd finden. Es geht darum, dass du dich nicht mehr verlierst in deinen Mustern. Dass du einen kurzen Moment dazwischen einbauen kannst. Einen Atemzug. Einen Blick nach innen, wo du dich findest. Dein unerfülltes Bedürfnis. Dein Gefühl. Damit du dann wahrnehmen kannst: »Aha, das ist also hier gerade das Thema.« Ich möchte, dass du nach diesem Buch bitte vorerst kein Persönlichkeitsentwicklungsbuch mehr liest. Sondern dass du rausgehst in die Welt und dich selbst wahrnimmst. Wahrnimmst, was du fühlst, was du denkst, wie du dich verhältst, wer oder was das Verhalten auslöst. Wir haben 2025 und genug über uns selbst gelesen und reflektiert. Es wird Zeit, wieder zu leben. Und irgendwann, versprochen, ganz langsam, wirst du weich. Nicht schwach, sondern weich im besten Sinne. Weil du nicht mehr gegen dich kämpfst. Weil du dich selbst nicht mehr als Projekt betrachtest, das endlich »fertig« werden muss, sondern als Mensch, mit dem du in Beziehung trittst. Mit dem du in Verbindung gehst. Du siehst dein kleines inneres Kind, wie es reagiert, du spürst die innere Jugendliche, die wieder gerne ausrasten würde, du spürst die verletzte Version nach einem Heartbreak, du spürst die Mutterrolle, die Schwesternrolle – was auch immer für ein Anteil gerade präsent ist, du spürst ihn, weil du DICH wahrnimmst. Im Grunde genommen habe ich für dieses ganze Buch nur diesen einen Tipp: Beginne, dich endlich wieder wahrzunehmen und zu spüren, ohne dich verbessern zu wollen. Akzeptiere und liebe dich selbst. Und ja, du wirst Rückschritte erleben. Alte Muster, die plötzlich wieder da sind. Aber du gehst anders mit ihnen um. Du gehst liebevoller mit dir um. Du fragst nicht mehr sofort: *»Warum bin ich noch nicht weiter?«* Sondern du sagst dir: *»Stimmt, das war hart. Ich bin gerade wieder da reingerutscht. Und ich bin trotzdem okay, weil das normal ist. Weil **ich** normal bin.«*

Das ist Integration.
Nicht perfekt sein. Sondern echt sein.
Nicht kontrollieren. Sondern begleiten.
Nicht alles im Griff haben. Sondern dich selbst halten lernen.

Integration in Kopf, Körper und Herz

Integration ist ein Prozess, bei dem das Gehirn neue Verbindungen herstellt – zwischen Gefühl und Gedanke, zwischen Vergangenheit und Gegenwart, zwischen dem, was war, und dem, was jetzt ist. Wenn wir zum Beispiel in einer emotionalen Situation bewusst innehalten, tief durchatmen und uns selbst begleiten, statt automatisch zu reagieren, geschieht genau das: Unser Nervensystem registriert, dass die Gefahr vorüber ist, und legt eine neue Spur im inneren Erleben an. Je öfter wir das tun, desto stärker werden diese neuronalen Pfade – eine Art innerer Trampelpfad wird zu einer Straße und mit der Zeit zu einem stabilen Weg. Das nennt man Neuroplastizität – die Fähigkeit unseres Gehirns, sich ein Leben lang zu verändern. Und genau das ist der Moment, in dem emotionale Reife entsteht: nicht, weil du alles verstehst, sondern weil du dich spürst und in deinem Körper präsent bleibst, auch wenn es in dir tobt. Wenn du ein Gefühl zulässt, ohne dich in ihm zu verlieren. Wenn du dich siehst – in all deiner Unvollkommenheit – und trotzdem bleibst. Das ist Integration: nicht das Ignorieren oder Verdrängen von Wellen, sondern das Mitschwingen. Nicht das Ziel, nie mehr überflutet zu werden, sondern zu wissen: Ich kann wieder auftauchen. Ich weiß, wie es geht. Ich kann mich halten. Oder mir jemanden holen, der mich hält.

Kleine, kraftvolle Erinnerungen

Was ich dir an dieser Stelle gern noch mitgeben möchte, sind ein paar kleine, aber kraftvolle Erinnerungen. Vielleicht hast du schon einmal von ihnen gehört. Aber vielleicht liest du sie heute mit anderen Augen, weil du dich gerade mitten in deinem eigenen Integrationsprozess befindest. Wusstest du, dass Gefühle, wenn du sie wirklich zulässt, oft nur 90 Sekunden dauern? Danach ist es meist nicht mehr das Gefühl selbst, das bleibt – sondern die Geschichte, die du dir darüber erzählst. Auch verändert sich dein Nervensystem nicht durch die eine große Erkenntnis, die alles auf den Kopf stellt – sondern durch die vielen kleinen Wiederholungen im Alltag. Es ist dieses leise, fast unspektakuläre »Ich atme jetzt« oder »Ich bleibe da, auch wenn es weh tut«, das langfristig neue

Wege in dir anlegt. Und du musst nicht perfekt sein, um als reguliert zu gelten. Emotionale Reife heißt nicht, dass du nie wieder überfordert bist – sondern dass du weißt, was du brauchst, wenn du es bist. Dein Körper erinnert sich manchmal früher als dein Kopf, dass da noch etwas ungehalten ist. Er zittert, spannt sich an, wird unruhig – und will dir zeigen: Ich brauche gerade Sicherheit. Nimm mich ernst. Es ist auch nicht schlimm, wenn bestimmte Muster sich nie ganz auflösen. Viel wichtiger ist, dass du ihnen anders begegnest. Dass du dich nicht verurteilst, wenn du wieder in alte Reaktionen rutschst, sondern dir mit einem inneren »Ah, dich kenn ich« begegnest. Und vielleicht ist das Wichtigste: In Beziehung mit dir selbst zu sein, bedeutet nicht, immer alles allein zu schaffen. Es bedeutet, dich selbst so gut zu kennen, dass du weißt, wann du dich selbst halten kannst – und wann du jemanden brauchst, der dich für einen Moment mitträgt. All das sind Zeichen von Integration. Und du bist auf einem verdammt guten Weg.

Zusammenfassung

- Integration bedeutet nicht, dass du alle Antworten hast – sondern dass du bleibst, auch wenn du keine hast.
- Sie zeigt sich in kleinen Momenten: in einem tiefen Atemzug statt einem alten Reflex. In einem »Ich bin da« statt einem Rückzug.
- Dein Nervensystem speichert nicht nur Überforderung – es kann auch Sicherheit speichern. Und genau diese Sicherheit ist der Boden, auf dem emotionale Reife wächst.
- Du wirst nicht perfekt. Aber du wirst echt. Und du wirst weich, weil du aufhörst, dich selbst zu bekämpfen.

REFLEXIONSFRAGEN

- In welchen Momenten hast du zuletzt gespürt, dass du anders reagierst als früher?
- Was bedeutet für dich ein »inneres Zuhause« – und wo spürst du es in dir?
- Welche alten Muster sind besonders hartnäckig? Was glaubst du, warum?
- Wie gehst du mit Rückschritten um – was hilft dir, sanft zu bleiben?
- Wenn du dir selbst heute einen Satz sagen könntest, der dich stärkt: Welcher wäre das?

DAS KANNST DU JETZT TUN

- **Dankbarkeits-Minute:** Schreibe drei Dinge auf, für die du dir heute dankbar bist.
- **Ressourcenanker:** Denke an eine Situation, in der du

dich stark gefühlt hast – verbinde dich mit diesem Gefühl.
- **Reflektiere:** Wie merke ich, dass ich gerade in Verbindung mit mir bin?

Mit dieser neuen inneren Verbundenheit bist du bereit, in Kapitel 10 zu erfahren, wie du auch dann auf deinem Surfbrett bleibst, wenn das Meer wilder wird, Trigger dich herausfordern und die Strömung dich in alte Gewässer zurückziehen will.

Platz für deine Gedanken

Platz für deine Gedanken

Kapitel 10
Stürme und Strömungen

Wenn man viel an sich arbeitet und viele Erkenntnisse über sich selbst sammelt, sich reflektiert, Verhalten erkennt und verändert und dadurch gefühlt ein »besserer Mensch« wird, denkt man ganz oft, dass nichts mehr kommen kann, was einen wieder in alte Muster wirft. Doch so ist es nicht und ich möchte dir hier in einem dieser letzten Kapitel noch eine persönliche Geschichte erzählen. Wir haben aktuell 2025, ich sitze hier am Schreibtisch, bin gerade von der Einschlafbegleitung meiner Tochter zurück, habe eine Regulationsübung gemacht, die mein Nervensystem wunderbar reguliert hat, und bin in Verbindung mit mir selbst gegangen. Heute fühle ich Glück, Dankbarkeit, Ruhe, Gelassenheit. Gestern ging es mir anders. Ich sage bewusst, dass es mir gestern anders ging, denn ich möchte meine Gefühle und meine Tage nicht mehr in »gute Tage« und »schlechte Tage« kategorisieren. Ich bin ein Mensch und mein Leben verläuft nicht linear, es verläuft zyklisch. Gestern hatte ich den letzten Tag meiner Periode und diese Periode hat mich diesmal sehr mitgenommen. Alte Themen kamen hoch, ich habe unendlich viel über meine Vergangenheit nachgedacht und hatte in den letzten Tagen oft das Gefühl, nicht mehr weiterzuwissen. Aus dem einfachen Grund, dass je tiefer man an sich arbeitet, sich immer mehr zeigt. Auch hier gefällt mir die Metapher des Meeres wieder so gut, denn ja, die meisten von uns können schwimmen, schwimmen an der Oberfläche, tauchen manchmal ein paar Meter tief und dann wieder auf, aber bis an den Grund kommen wir nur selten. Wenn wir tiefer tauchen wollen, brauchen wir einen

Tauchanzug, denn je tiefer, desto kälter. Wir brauchen Sauerstoffflaschen, denn wir können in der Tiefe nicht von selbst atmen. Und so fühlt es sich für mich an, seinen Gefühlen immer wieder Raum zu geben, zur Therapie zu gehen, Coachings zu machen, an sich zu arbeiten – man taucht tiefer und tiefer. Und je tiefer, desto schöner, aber auch, desto intensiver wird das Ganze. Ich habe in den letzten Tagen oft gemerkt, wie mich meine Gefühle überfordert haben, weil seit Tagen und Wochen Gefühle an die Oberfläche kommen, von denen ich nicht einmal wusste, dass ich sie habe. Ich habe dir ja im 4. Kapitel die Gefühlskarte mitgegeben. Aktuell versuche ich wieder jeden Tag, mit genau dieser Gefühlskarte einen kleinen Check-in zu machen, denn ich kann oft selbst noch nicht genau benennen, was ich fühle. Was ich jedoch bemerkt habe, ist, dass wir wirklich darauf achten dürfen, ich welchen Zyklen wir uns befinden.

Denn wenn ich heute eines weiß, dann, dass wir uns nie immer gleich fühlen werden. Dass es Tage geben wird, an denen unser Geduldsfaden für 100 andere Menschen reichen würde, und dass es Tage gibt, an dem er so kurz ist, dass er nicht einmal für uns selbst reicht. Weißt du, wir Menschen lieben Fortschritt. Wir sehnen uns nach dem Moment, in dem etwas »fertig«, »abgeschlossen« oder »geheilt« ist. Aber innere Entwicklung funktioniert nicht wie eine To-do-Liste. Sie funktioniert wie das Meer: in Zyklen. Mal ruhiger, mal stürmischer. Alte Themen tauchen wieder auf, nicht, weil du »rückfällig« wirst, sondern weil dein System jetzt bereit ist, eine tiefere Schicht zu berühren. Und ja, diese Rückschritte fühlen sich schmerzhaft an, auch für mich, aber sie sind oft Ausdruck von (emotionaler) Reife. Du spürst mehr. Du fühlst bewusster. Und du hast heute Ressourcen, die dir früher gefehlt haben, weshalb dein Körper auch genau weiß, dass du tiefer tauchen kannst. Wenn dein Nervensystem in alte

Muster rutscht, bedeutet das also nicht, dass du versagt hast. Es bedeutet nur, dass eine alte Wunde gerade wieder ein Stück Heilung braucht, und das ist nichts Falsches. Was wir in der persönlichen Weiterentwicklung oft vergessen, ist, dass wir uns nicht ständig weiterentwickeln müssen. Wir sind Menschen. Wir haben Emotionen, wir haben Schutzmechanismen, wir haben eine Vergangenheit, die uns geprägt hat und das ist auch okay so! Das Leben muss nicht daraus bestehen, ständig die »beste Version deiner selbst« zu sein. An manchen Tagen kannst du »nur« 40 Prozent geben. Diese 40 Prozent sind an diesem Tag aber deine 100 Prozent – vergiss das nicht!

TRIGGER – MEHR ALS NUR EIN MODEWORT

Vielleicht erinnerst du dich an das 4. Kapitel, in dem wir schon über Bedürfnisse und Körpersignale gesprochen haben. Hier möchte ich nun noch tiefer auf das Thema Trigger eingehen. Wenn ein »altes Thema« wieder an die Oberfläche kommt, kann das oft bedeuten, dass du »getriggert« wurdest. Ich möchte in diesem Buch auch noch auf dieses Wort und die Bedeutung von Triggern für unser Nervensystem eingehen, denn Trigger ist so wie Trauma ein sehr modernes, neues Wort, das gefühlt jeder für alles verwendet, und es ist mir wichtig, nochmal näher darauf einzugehen, was Trigger wirklich bedeutet, vor allem wenn du ein Entwicklungs- und Bindungstrauma erlebt hast. Es ist nämlich nicht immer gleich ein Trigger, wenn dich eine Person nervt oder dich etwas überreizt. Bei Aussagen wie »Ich bin so getriggert, wenn der das macht« oder »Diese Nachricht triggert mich total« geht es meistens nicht um »echte« Trigger. Ein Trigger geht weit über genervt sein hinaus. Er ist wie eine unsichtbare Strömung unter der Wasseroberfläche. Von außen sieht es ruhig aus und plötzlich wirst du mitgerissen. Ein Blick. Ein Satz. Ein

Tonfall. Und dein Körper geht in Alarmbereitschaft. Ein Trigger ist ein unbewusster Auslöser für eine alte, gespeicherte Stressreaktion, die dein Nervensystem in Bruchteilen einer Sekunde wieder aktiviert. Er ruft nicht nur ein Gefühl hervor, sondern einen Zustand: Angst, Erstarrung, Übererregung, Scham, Hilflosigkeit oder Wut. Dein Körper glaubt in dem Moment: »Ich bin wieder dort.« Genervt sein ist oft bewusst: Du weißt, was dich stört, kannst es benennen und meistens auch kontrollieren. Getriggert sein passiert plötzlich, fühlt sich übertrieben an und aktiviert eine Überreaktion, die du schwer kontrollieren kannst.

Beispiel: Wenn dein Kind Wasser verschüttet und du unangemessen stark wütend, hilflos oder beschämt reagierst, könnte das ein Trigger sein – z. B. wenn du selbst früher für »Fehler« beschimpft wurdest. Menschen mit Bindungs- und Entwicklungstraumata haben oft viele unsichtbare Triggerpunkte. Nicht, weil sie empfindlich sind – sondern, weil ihr Nervensystem gelernt hat, dauerhaft wachsam zu sein. Wenn du oft das Gefühl hast, überzureagieren oder dich plötzlich »wie damals« zu fühlen, darfst du das ernst nehmen – und mitfühlend erforschen. Trigger sind keine Zeichen deiner Schwäche, sie sind meistens Hinweise auf etwas Ungesehenes in dir. Sie zeigen dir, wo dein System gelernt hat, auf Gefahr zu reagieren.

Und sie bieten dir die Chance, heute etwas Neues zu erleben: Sicherheit inmitten der Welle. Du kannst einen Trigger nicht verhindern, aber du kannst lernen, in deiner Reaktion innezuhalten. Innehalten bedeutet nicht, alles im Griff zu haben. Es bedeutet, dass du beginnst, bewusst zu spüren. Dass du erkennst: »Ah – hier passiert gerade etwas Altes in mir. Und ich bin nicht allein damit.« Ich möchte dich also zum Ende dieses Buches nochmals ganz bewusst dazu einladen, darüber nachzudenken, was dich triggert, also was alte Verhaltensmuster und »übertriebene« Stressreaktionen hervorruft. Damit meine ich also nicht die Freundin, die dich mit einer Nachricht nervt, sondern damit meine ich wirklich dein »überreagierendes« Verhalten, das gar nicht wirklich zu einer Situation passt. Das zu erkennen, ist unendlich wichtig, auch für den Prozess der Regulation von der Stressreaktion, die überhandnimmt, wenn der Sturm zu groß wird.

KEIN PERFEKTES VERHALTEN NÖTIG

Wenn der nächste Sturm kommt, brauchst du also bitte kein perfektes Verhalten. Du beginnst höchstwahrscheinlich gerade erst, in der Tiefe zu erkennen, wie du dich überhaupt verhältst. Bitte mach dir keinen Stress, sofort alles verändern zu wollen. Du brauchst inneren Halt. Und manchmal ist dieser Halt nur ein einziger Gedanke: »Ich darf mich auch dann lieben, wenn ich gerade in dieser Welle ertrinke. Ich darf so sein. Es ist okay und hat einen Grund.« Erste Schritte, wenn du getriggert bist:

- **Sprich mit jemandem,** bevor du dich in dir verlierst.
- **Sag laut,** was du fühlst, auch wenn es nur etwas ist wie: »Ich bin gerade überfordert.«
- **Halte dich selbst,** auch wenn du dich schwach fühlst.
- **Schreib auf,** was du in solchen Momenten brauchst.

Erinnere dich an das, was du schon geschafft hast. Vielleicht denkst du manchmal: »Warum passiert mir das schon wieder?« Vielleicht bist du enttäuscht, weil du dachtest, du wärst »weiter«. Aber das Leben schickt uns keine Wiederholungen, um uns zu bestrafen. Sondern um uns zu erinnern: Du darfst auch im Chaos verbunden bleiben. Du darfst auch in der Wiederholung einen neuen Umgang finden. Es ist nicht der Rückfall, der entscheidend ist – sondern der Moment danach. Wie sprichst du mit dir, wenn du gefallen bist? Mit wem tauschst du dich aus?

Wem teilst du dich mit? Was machst du nun mit der Situation? Verdrängst du sie und wartest einfach auf die nächste, oder nimmst du sie an und beginnst, deine Trigger zu integrieren, indem du in Verbindung mit dir gehst, ohne dir das Gefühl zu vermitteln, dass du falsch bist? Rückschläge werden immer wiederkommen. Aber irgendwann wirst du merken:

- **Du brauchst weniger Zeit, um dich wieder zu fangen.**
- **Du erkennst früher, was dich triggert.**
- **Du kannst dich beruhigen, ohne dich zu betäuben.**
- **Du erlaubst dir Unterstützung, bevor du zusammenbrichst.**
- **Du bleibst mit dir in Verbindung, auch wenn du wütend, traurig oder überfordert bist.**

Das bedeutet Heilung. Das ist zyklisches Wachstum.

Rhythmus im Nervensystem – und im Leben

Je mehr ich mich mit meinem Nervensystem und meinen inneren Wellen beschäftigt habe, desto klarer wurde mir, dass es nicht nur emotionale, sondern auch körperlich-biologische Rhythmen gibt, die meine innere Stabilität beeinflussen. Einer dieser Rhythmen prägt mein Leben seit jeher. Oft bemerke ich ihn gar nicht, manchmal bekämpfe ich ihn sogar: mein weiblicher Zyklus.

Wir Frauen tragen einen inneren Rhythmus in uns, einen Kreislauf, der nicht nur biologisch, sondern auch emotional, energetisch und spirituell wirkt. So wie das Jahr seine vier Jahreszeiten kennt durchlaufen auch wir Frauen in jedem Zyklus diese inneren Phasen. Und selbst wenn du dich als Mann identifizierst, kannst du aus diesem Abschnitt viel mitnehmen, für dein eigenes Bewusstsein, und um die Frauen in deinem Leben besser zu verstehen.

In der **inneren Frühlingsphase** (Follikelphase) fühlen wir uns oft wie nach dem Aufblühen. Es ist die Zeit des Neubeginns, der Inspiration, der Leichtigkeit. Wir sind neugierig, offen für Neues, verspüren vielleicht ein »Ja« zum Leben. In dieser Phase kann es ganz oft sein, dass du das Gefühl von Neugier und Inspiration verspürst.

Im **Sommer** (Eisprung) erstrahlen wir meist nach außen. Es ist eine Phase von Strahlkraft, Kommunikation, Verbindung. Oft fühlen wir uns besonders selbstbewusst und leistungsfähig – fast so, als könnten wir alles schaffen. In dieser Zeit sind auch die Hormone auf ihrem Peak, in dieser Zeit fühlen wir uns meistens schön, wir fühlen uns sexy und dadurch sind wir natürlicher, regulierter, haben ein besseres Wort für uns übrig und deshalb auch durchschnittlich glücklichere Gefühle.

Dann folgt der **Herbst** (Lutealphase), in dem sich langsam etwas zurückzieht. Der Blick geht nach innen. Emotionen werden stärker, Bedürfnisse zeigen sich klarer, Grenzen auch. Es ist die Zeit der Wahrheit. Vieles, was sonst leicht zu übergehen ist, steht jetzt spürbar im Raum. Das ist die Phase, von der ganz viele Frauen berichten, dass sie PMS-Symptome haben, dass ihnen in dieser Phase immer alles zu viel wird. Sie spüren schneller das Gefühl von Überforderung, einfach deshalb, weil das Progesteron-Level im Körper stark abfällt und der Körper sich wieder völlig neu einstellen muss.

Und dann ist da der **Winter** (Menstruation), die Phase des Rückzugs. Der Körper wird langsamer, die Intuition lauter. Es ist die Zeit der Stille, des In-sich-Gehens, des Loslassens. Wenn wir ihr Raum geben, ist sie unglaublich heilend. In dieser Phase wollen sich viele Frauen einfach nur zurückziehen, wollen alleine sein, brauchen dringend Ruhe und haben ebenso schnell das Gefühl, dass alles anstrengend ist.

Zyklus als Ressource statt als Störfaktor

Diese zyklischen Phasen sind keine Schwäche, sie sind pure Weisheit. Als ich begonnen habe, für mich zu erkennen, wie unterschiedlich meine Emotionen auch in den Phasen meines Zyklus sind, hat sich für mich nochmals eine ganz neue Türe von emotionaler Intelligenz geöffnet. Doch viele von uns haben gelernt, gegen sie zu leben beziehungsweise viele von uns haben gelernt, dass der Zyklus, die Menstruation, die Periode nichts ist, worüber man spricht. Ganz vielen Frauen und jungen Mädchen wird das Gefühl vermittelt, dass es peinlich ist, dass wir bluten, fast schon »unangenehm«. Wir sollen uns durchpushen durch die Periode, sollen immer gleich leisten, immer gleich funktionieren, auch wenn der Körper eigentlich flüstert: »Heute nicht.« Das Problem ist, so viele Frauen erlauben sich nicht, auf das »heute nicht« zu hören und reagieren aus Schutzmustern heraus immer noch im Kampf- oder Funktionsmodus. Aber wenn du beginnst, deinen Zyklus zu verstehen und mit ihm zu leben, anstatt gegen ihn, kann sich so vieles verändern. Selbstfürsorge bekommt eine neue Tiefe. Entscheidungen fühlen sich stimmiger an. Und du wirst merken: Dein Nervensystem liebt Rhythmus. Seitdem ich mir meine Termine besser einteile, seitdem ich meine Selbstständigkeit nach meinem Zyklus ausrichte, seitdem ich meinem Mann offen kommuniziere, wie ich mich fühle, und auch offen darüber rede, dass ich meine Periode bekomme und deshalb die Emotionen in größeren Wellen kommen als in anderen Wochen meines Zyklus, gelingt es mir nochmal ein Stück besser, zu verstehen, wieso meine inneren Wellen mich oftmals so »überschütten«. Ich habe aufgehört, gegen mich zu kämpfen, aufgehört, mich selbst zu verurteilen, wenn ich an einem Tag voller Energie war und am nächsten das Gefühl hatte, dass alles zu viel ist, denn ich habe verstanden, dass das keine Schwäche ist, kein Zeichen von Instabilität oder mangelnder Disziplin, sondern Ausdruck meines inneren Rhythmus, meines weiblichen Zyklus, der mich wie eine Welle trägt – manchmal weit hinaus ins Leben, in die Begegnung, ins Tun und manchmal zurück in die Tiefe, ins Fühlen, ins Loslassen und genau darin liegt eine so stille, sanfte Kraft, die ich lange Zeit nicht sehen konnte, weil ich gelernt hatte, dass »funktionieren« der einzig akzeptierte Zustand ist.

ZYKLUSWISSEN UND NERVENSYSTEMREGULATION

Je mehr ich mich aber auf diese innere Wellenbewegung eingelassen habe, desto mehr habe ich verstanden, dass es nichts gibt, was mit mir »nicht stimmt«, wenn ich mich nicht jeden Tag gleich fühle, wenn ich nicht immer gleich leistungsfähig, gleich belastbar, gleich fröhlich bin, sondern dass mein Körper, mein Hormonhaushalt, mein Nervensystem, meine Seele in einem ständigen Austausch sind, dass mein Zyklus mich nicht sabotiert, sondern mich führt – wenn ich bereit bin, ihm zuzuhören. Ich bin nicht unzuverlässig, weil ich wandelbar bin, nicht inkonsequent, weil ich zyklisch bin, nicht zu viel, weil ich emotional bin. Ich bin genau richtig in meiner Art, durch die Welt zu gehen, und je mehr ich diese Wahrheit für mich verinnerlicht habe, desto tiefer konnte ich mich selbst begleiten, mir geben, was ich brauche, statt mich durch jede Phase zu zwingen, als wäre ich ein mechanisches System ohne Gefühl, ohne Tiefe, ohne Nuancen.

Heute ist mein Zyklus kein Tabu mehr für mich, keine Schwäche, kein Störfaktor, sondern ein innerer Kompass, der mir zeigt, wann ich im Außen wirken möchte und wann ich mich nach innen zurückziehen darf, wann ich offen bin für Begegnung und wann ich mich selbst halten will, wann ich klar denken kann und wann ich mir Raum geben muss, um in die Tiefe zu tauchen. Und je mehr ich danach lebe, desto regulierter fühlt sich mein Nervensystem an, desto friedlicher ist mein innerer Dialog, desto weniger hadere ich mit mir selbst. Ich habe begonnen, meine Termine, meine Arbeit, meine kreativen Prozesse und meine Pausen, so gut es eben geht, an meinen Zyklus anzupassen, ich habe gelernt, mit meinem Mann offen darüber zu sprechen, in welcher Phase ich mich befinde, was das mit mir macht, was ich brauche und was vielleicht gerade nicht geht, und in dieser neuen Offenheit ist nicht nur Verbindung entstanden, sondern auch Verständnis und das wünsche ich mir für jede Frau. Denn es verändert so viel, wenn wir nicht länger schweigen über das, was uns zutiefst prägt, wenn wir aufhören, uns für etwas zu schämen, das zutiefst natürlich ist, wenn wir beginnen, wieder stolz darauf zu sein, dass unser Körper in Rhythmen spricht, dass er nicht jeden Tag gleich funktioniert, weil wir nicht dafür gemacht sind. Und vielleicht beginnt genau da ein neues Kapitel der Selbstfürsorge, nicht in dem Moment, in dem wir eine neue Methode lernen oder ein weiteres To-do auf unsere Liste setzen, sondern in dem Moment, in dem wir unseren eigenen inneren Wandel nicht länger als Störung empfinden, sondern als Ausdruck von Lebendigkeit, Weisheit und Tiefe, denn wir sind nicht dafür gemacht, linear zu leben, wir sind gemacht für Zyklen, für Wellen, für Jahreszeiten in uns.

TRIGGER UND KÖRPERGEDÄCHTNIS

Vielleicht ist es auch spannend für dich, zu wissen, dass sich emotionale Trigger nicht nur in deinem Nervensystem, sondern auch im Körpergewebe speichern können, vor allem in der Faszie. Diese netzartige Struktur durchzieht deinen ganzen Körper wie ein feines Spinnennetz und reagiert empfindlich auf Stress. Manche Menschen berichten davon, dass sie beim Yoga, bei einer Berührung oder sogar bei einer bestimmten Bewegung plötzlich weinen müssen oder alte Erinnerungen aufsteigen. Das hat nichts mit Überempfindlichkeit zu tun, es ist ein Zeichen dafür, dass dein Körper gespeichert hat, was dein Kopf längst vergessen wollte. Und manchmal zeigen sich Trigger nicht als klares Gefühl, sondern als diffuse innere Unruhe, als unerklärliche Gereiztheit oder Müdigkeit. Nicht immer ist ein klarer Auslöser da. Manchmal ist es nur das Wetter, ein bestimmter Geruch, ein Lied oder ein Schatten im Raum und plötzlich ist das System in Alarmbereitschaft.

Das nennt man implizites Erinnern. Dein Körper erinnert sich, auch wenn du es bewusst nicht rekonstruieren kannst. Und allein dieses Wissen kann entlasten: Du bist nicht überempfindlich. Du bist in Resonanz mit etwas Altem. Es gibt übrigens auch sogenannte »posttraumatische Trigger-Wellen« – also Phasen, in denen sich mehrere Trigger häufen, ohne dass es einen konkreten äußeren Anlass gibt. Oft passiert das, wenn das Nervensystem sich über längere Zeit stabilisiert hat und nun beginnt, alte Themen freizugeben. Diese Phasen sind kein Rückschritt, sondern Zeichen von Öffnung. Es ist, als würde dein System dir sagen: »Jetzt bist du bereit, tiefer zu tauchen.« Und: Nicht jede emotionale Überforderung kommt aus der Vergangenheit. Manchmal ist es auch schlicht die Überstimulation unserer heutigen Welt – ständig erreichbar, ständig bewertet, ständig in Bewegung. Dein Nervensystem darf auch vom heutigen Tag müde sein. Und das zu erkennen, ist kein Zeichen mangelnder Entwicklung, sondern Ausdruck von Klarheit.

SPANNENDE SIDEFACTS

Trigger wirken oft schneller, als wir bewusst reagieren können. Sie aktivieren blitzartig unser inneres Alarmsystem und schicken das Nervensystem in einen Zustand von Vorsicht und Verteidigung, noch bevor unser Kopf die Lage einordnen kann. Das erklärt, warum eine scheinbar harmlose Situation plötzlich so starke Gefühle auslösen kann.

Es sind oft alte Erinnerungen, die wie bereits erwähnt im Körper gespeichert sind, und die durch Berührung, Gerüche oder bestimmte Stimmen wie aus dem Nichts wieder auftauchen. Gerade in bestimmten Phasen – wie der späten Zykluszeit bei Frauen – ist das Nervensystem besonders sensibel. Dies ist kein Zufall, sondern tief in unserer Biologie verankert: Hormonelle Schwankungen verstärken die Wahrnehmung von Stress und machen uns empfänglicher für tiefe Emotionen und intensive Reaktionen. Statt diese als Schwäche zu betrachten, können sie als Einladung zur Selbstfürsorge verstanden werden.

Wenn mehrere Auslöser binnen kurzer Zeit auftreten, erleben wir oft sogenannte Trigger-Wellen. Das heißt, Symptome oder starke Gefühle sind besonders heftig – doch das ist meist kein Rückschritt, sondern ein Zeichen dafür, dass das System jetzt bereit ist, sich tieferen Themen zuzuwenden und sie zu verarbeiten. Unsere moderne Welt mit ihrer ständigen Reizüberflutung, dem Druck, immer erreichbar zu sein, und den vielen kleinen Stressfaktoren, kann die innere Alarmbereitschaft zusätzlich verstärken und alte Muster leichter an die Oberfläche bringen. Dennoch gilt: Je regulierter und gestärkter unser Nervensystem ist, desto schneller findet es auch nach heftigen Triggern wieder in die Sicherheit zurück.

Die Fähigkeit, zu unterscheiden, ob tatsächlich Gefahr besteht oder ob es sich um ein vergangenes, inneres Muster handelt, wächst mit jeder neuen Erfahrung von Selbstfürsorge und innerer Regulierung.

Zusammenfassung

- Heilung ist nicht linear, sondern zyklisch wie die Wellen des Meeres.
- Rückschläge zeigen dir nicht, dass du versagt hast, sie zeigen dir, wo du noch liebevoller mit dir sein darfst.
- Trigger sind keine Gegner, sondern Wegweiser.
- Dein Nervensystem braucht Wiederholung, Zeit und Mitgefühl, um neue Wege zu gehen.
- Du darfst lernen, dich selbst auch in stürmischen Zeiten zu halten.

REFLEXIONSFRAGEN

- Wann hatte ich das letzte Mal das Gefühl, in einem alten Muster zu reagieren – obwohl ich dachte, ich wäre schon »weiter«?
- Was genau hat mich in diesem Moment getriggert? Welche Erinnerung, welches Gefühl oder Bedürfnis steckt dahinter?
- Wie fühlt sich ein echter Trigger in meinem Körper an?
- Welche Körperempfindungen oder Gedanken tauchen auf? Kann ich zwischen Genervtsein und einem tiefen inneren Alarm unterscheiden?
- In welchen Momenten oder Phasen meines Zyklus (oder meines Lebens) fällt es mir besonders schwer, bei mir zu bleiben? Was verändert sich dann emotional, energetisch, körperlich?
- Wie bewerte ich mich selbst an Tagen, an denen ich weniger funktioniere? Kann ich beginnen, diese

Platz für deine Gedanken

Tage nicht als »Rückschritt«, sondern als Teil meines inneren Rhythmus zu verstehen?

- Was könnte sich verändern, wenn ich meinen eigenen Wellen nicht länger mit Widerstand begegne, sondern mit Mitgefühl, Verständnis und Selbstfürsorge? Welcher kleine nächste Schritt wäre heute möglich, um mich in einer Trigger-Situation liebevoll zu begleiten?

DAS KANNST DU JETZT TUN

- **Trigger-Notfallplan:** Schreibe drei Dinge auf, die dich in Stressmomenten sofort beruhigen.
- **Regenerationsfenster:** Plane heute bewusst eine Viertelstunde ein, in der du nichts tun musst.
- **Reflexionsfrage:** Was hilft mir, nach einer Überflutung wieder in meine Mitte zu finden?

Im nächsten Kapitel wirst du sehen, wie es möglich ist, nach jedem Sturm wieder ins Gleichgewicht zu kommen. Nicht indem du dem Meer ausweichst, sondern indem du lernst, dich im Alltag in Einklang mit seinen Wellen zu bewegen.

Kapitel 11
Land in Sicht!

KEIN DRAMATISCHER WENDEPUNKT – VIELE KLEINE ERFOLGE

Zum Ende dieses Buches fragst du dich nun vielleicht, wann denn endlich meine ultimative Formel zu »Jetzt bist du geheilt« kommt. Aber ich sage dir ganz ehrlich, meine Reise zu meinem inneren Meer war nicht spektakulär. Es gab keinen dramatischen Wendepunkt, es gab kein »Jetzt ist endlich alles gut«. Gibt es auch bis heute noch nicht. Was es aber sehr wohl gibt, sind viele kleine Erfolge im Alltag, bei denen ich merke, dass all das Wissen, dass ich dir in diesem Buch kurz und knapp zusammengefasst habe, wirklich greift. Dass ich es umsetzen kann und mich in der Umsetzung sicher fühle. Inzwischen hauen mich irgendwelche Nachrichten, die »bedrohlich« wirken, nicht mehr aus der Bahn und ich kann durchatmen und gelassen und sachlich auf Stresssituationen oder »Gefahrensituationen« reagieren. Ich habe die Resilienz entwickelt, wirklich gestärkt und gesund zu reagieren.

Eine Alltagssituation als Prüfung

Ich möchte dir noch von einem Erlebnis erzählen, dass tatsächlich in dem Moment, da ich dieses Kapitel schreibe, gestern so passiert ist. Ich war mit meiner Tochter mit dem Fahrrad unterwegs, wir sind von unserem Dörflein in die Stadt gefahren, haben dort ein leckeres Eis gegessen und sind mit dem Zug (samt Fahrrad) wieder nach Hause gefahren. Wir hatten ein bisschen Zeitdruck, weil wir beim Ausdrucken der Tickets etwas länger gebraucht haben und nicht wussten, auf welchen Bahnsteig wir müssen. Hier habe ich bereits gemerkt, wie mein Herzschlag schneller wurde, wie mein Kopf bereits begann, sich zu fragen: »Was, wenn wir den Zug nicht erwischen?« und sich weitere Szenarien auszumalen. Ich habe durchgeatmet, habe in aller Ruhe jemanden gefragt, auf welchen Bahnsteig ich muss, und habe dann die Info bekommen, dass der Zug am letzten Bahnsteig des Bahnhofes abfährt. Jetzt bekam ich allmählich mehr Stress, ich habe wahrgenommen, wie mein Puls hochfuhr und mich darum gekümmert, mit Kind und Fahrrad schnellstmöglich zum Zug zu kommen. Beim letzten Bahnsteig angekommen habe ich gesehen, dass es dort nur eine Treppe gibt, also musste ich mein Kind und mein superschweres E-Bike über die Treppe nach oben zum Bahnsteig tragen. Auch hier hat sich mein Kopf sofort eingeschaltet und mit Szenarien wie »Wir verpassen den Zug, es passiert gleich was« schön mitgemischt.

Auch die Frage »Wen trag ich zuerst hoch, Kind oder E-Bike?« hat in dem Moment meinen Stress zusätzlich erhöht. Hilfe war leider keine in Sicht. Oben angekommen, habe ich wahrgenommen, dass der Zug noch da ist, dass »alles gut ist«, hab durchgeatmet und war bereit, in den Zug einzusteigen, als meine Tochter plötzlich ein paar Schritte nach vorne ging, ich sie nicht mehr bei der Hand greifen konnte und sie zwischen Zugtür-Absatz und Bahnsteig hinunterfiel. Sie steckte bis zum Brustkorb in diesem Spalt. Mein Nervensystem hat sofort die Gefahr erkannt (dafür ist es auch zuständig) und hat mich dazu gebracht, jegliches Denken und Fühlen abzuschalten und zu reagieren. Ich habe sie sofort wieder zu mir hochgezogen und in den Zug hineingehoben, sie hat schrecklich geweint, hat sich unfassbar erschreckt und in dem Moment wusste ich: »Das Wichtigste ist, meine Tochter in Sicherheit zu bringen.«

Also habe ich in aller Ruhe mein Fahrrad abgestellt, hab mich zu ihr hingekniet, hab ihr erklärt, was gerade passiert ist, und als der Zug losfuhr, war sie wieder völlig begeistert (es war ihre erste Zugfahrt) und ich konnte abermals durchatmen. Nach ein paar Metern Zugfahrt habe ich gemerkt, wie ich langsam wieder »zu mir fand«.

Wenn der Körper nachträglich reagiert

Vielleicht kennst du das ja, wenn du in einer Gefahrensituation bist, in der du sofort reagieren musst, wie zum Beispiel Erste Hilfe bei einem Unfall leisten – und erst danach »realisierst«, was gerade passiert ist. Genauso ging es mir im Zug und ich habe gemerkt, dass ich völlig schockiert war von dem, was gerade passiert ist. Ich habe dann durchgeatmet und mir selbst gesagt, dass ich mir zu Hause, wenn wir in Sicherheit sind und mein Mann bei mir ist, den Raum geben werde, das zu verarbeiten. Denn auch im Zug wusste ich, dass ich meine Tochter und mich noch sicher nach Hause bringen muss. Als ich dort ankam, meine Tochter eine Folge *Bluey* schauen durfte und ich meinem Mann von dem Erlebnis erzählt habe, habe ich mir selbst gesagt: »Jetzt kannst du loslassen.« Und dann ich habe schrecklich geweint. Plötzlich kamen alle Gefühle wie Hilflosigkeit, Schuldgefühle, Angst und Sorgen hoch und sind wie eine Welle über mich hereingebrochen. Das klingt jetzt wahrscheinlich heftig und dramatisch, aber das war es nicht. Denn in dem Moment im Zug, als die Gefahr vorbei war, habe ich gespürt, dass meine Emotionen, also all die Energie, die ich in dem Moment aufgebracht habe, um meine Tochter ohne großartig nachzudenken zu »retten«, raus müssen, damit ich diese Situation verarbeiten kann. Und genau das ist für mich Resilienz. Zu wissen, was im Körper passiert, zu wissen, dass meine Emotionen den Raum brauchen werden, und ihnen dann schlussendlich den Raum zu geben. Ich wusste bereits, dass nichts passiert ist. Aber mein Körper hat natürlich all die »Stell dir vor, was passiert wäre, wenn …«-Szenarien auch erst verarbeiten müssen.

»Land in Sicht« bedeutet nicht, dass das Meer aufhört, Wellen zu schlagen. Es bedeutet, dass du Inseln in dir findest. Orte der Sicherheit. Es bedeutet, dass du beginnen kannst, auf deiner eigenen inneren Erde zu gehen. Vielleicht noch wackelig, vielleicht noch vorsichtig – aber nicht mehr hilflos. Resilienz ist nicht das Fehlen von Schmerz, sondern die Fähigkeit, in Verbindung zu bleiben, wenn er auftaucht. Sicherheit ist nicht, dass nichts mehr passiert, sondern dass du heute weißt, wie du dir selbst Halt gibst.

Der Raum zwischen Reiz und Reaktion

Wenn wir in Stress geraten, fühlt es sich oft so an, als gäbe es keine Wahl. Etwas geschieht – jemand sagt etwas, ein Kind schreit, eine Situation eskaliert – und sofort schießt in uns eine Reaktion hoch. Wir schreien zurück, wir ziehen uns zurück, wir fangen an, uns selbst Vorwürfe zu machen oder versuchen krampfhaft, die Kontrolle zu behalten. Es wirkt, als wären Reiz und Reaktion untrennbar miteinander verbunden, wie Ursache und Wirkung.

Doch genau hier liegt eine der größten Täuschungen: Zwischen dem, was geschieht, und dem, wie wir reagieren, gibt es einen Raum. Dieser Raum ist nicht immer sichtbar und schon gar nicht selbstverständlich. Oft ist er verschüttet von alten Mustern, Ängsten, Gewohnheiten. Aber er ist da – und je mehr wir ihn wahrnehmen, desto mehr Freiheit entsteht. Man könnte diesen Raum mit dem Moment vergleichen, wenn eine Welle ans Ufer rollt: zuerst die Bewegung, das Aufbäumen des Wassers, dann der Aufprall. Doch zwischen dem Augenblick, in dem die Welle sich erhebt, und dem Moment, in dem sie bricht, gibt es eine kleine Spanne – eine Spannung in der Luft, eine Stille im Rauschen, ein Innehalten. Es ist kein großes, endloses Feld. Es ist ein schmaler, aber entscheidender Zwischenraum. Genau dort liegt die Möglichkeit: zu atmen, zu spüren, zu entscheiden, ob wir die Welle einfach über uns brechen lassen oder ob wir beginnen, auf ihr zu surfen.

Wie wir diesen Raum betreten können

Den Raum zwischen Reiz und Reaktion zu betreten, ist wie eine Tür, die sich für einen kurzen Moment öffnet. Meist unbemerkt, weil wir so sehr in Automatismen gefangen sind. Doch es gibt Wege, diese Tür deutlicher zu spüren und sie immer leichter durchschreiten zu können:

1. **Atmung als Anker**

Der Atem ist der einfachste Weg, diesen Raum zu öffnen. Ein einziger bewusster Atemzug – besonders das lange Ausatmen – signalisiert deinem Nervensystem: *Stopp, ich nehme wahr, was passiert.* Es ist, als würdest du im Sturm einen Halt im Boden finden.

1. **Körper spüren**

Wenn wir im Stress sind, verlieren wir oft das Gefühl für unseren Körper. Um den Raum zu betreten, reicht es manchmal, die Füße fest auf den Boden zu stellen, die Hand aufs Herz zu legen oder die Schultern bewusst zu entspannen. Dein Körper sagt dir: *Ich bin hier. Ich bleibe.*

2. Pausen erlauben
Wir glauben oft, sofort reagieren zu müssen. Doch genau darin verlieren wir die Freiheit. Ein Satz wie »Ich brauche einen Moment, um das zu sortieren« ist bereits ein Betreten dieses Raumes. Die Erlaubnis, nicht sofort zu handeln, sondern kurz innezuhalten, ist revolutionär.

3. Innere Frage stellen
Statt automatisch zu reagieren, helfen kleine Fragen wie »*Was brauche ich gerade?*« oder »*Was ist mir hier wirklich wichtig?*«. Diese Frage richtet die Aufmerksamkeit nach innen und öffnet den Raum für eine bewusste Wahl.

Die Kraft des Raumes

Am Anfang ist dieser Raum winzig. Vielleicht spürst du ihn nur als einen Atemzug mehr, bevor du etwas sagst. Vielleicht ist es nur ein Hauch von Bewusstsein, dass du deine Stimme senken könntest, anstatt zu schreien. Mit der Zeit wächst dieser Raum. Er wird weiter, spürbarer, vertrauter. Es ist, als würdest du lernen, die Stille zwischen den Wellen zu hören – diese kleine Pause, in der noch alles möglich ist. In diesem Raum liegt unsere Freiheit. Freiheit bedeutet nicht, nie wieder getriggert zu werden oder keine starken Gefühle mehr zu spüren. Freiheit bedeutet, dass wir in der Lage sind, kurz innezuhalten und uns selbst zu spüren, bevor wir handeln. Dass wir nicht länger nur von alten Mustern gesteuert werden, sondern uns selbst eine neue Wahl erlauben. Der Raum zwischen Reiz und Reaktion ist also nichts Abstraktes. Er ist gelebte Resilienz. Er ist die Fähigkeit, inmitten der Wellen kurz aufzutauchen, Luft zu holen und dann bewusst zu entscheiden: Lasse ich mich mitreißen, oder finde ich einen neuen Weg, auf dieser Welle zu reiten?

Resilienz – Inseln in dir finden

Resilienz wird oft mit stark sein verwechselt, als wäre es ein Zustand der Unverwundbarkeit, der Härte, der emotionalen Unerschütterlichkeit. Doch wenn ich heute von Resilienz spreche, dann meine ich etwas anderes. Dann meine ich diese leise, oft unscheinbare Fähigkeit, weich zu bleiben – trotz allem, was war. Es ist die Fähigkeit, aufzutauchen, auch wenn man tief gefallen ist. Die Fähigkeit, wieder Luft zu holen, wenn einem die Welt den Atem genommen hat. Es ist dieses zarte, stille Wissen: Ich kann weitergehen. Auch jetzt. Aus neurobiologischer Sicht beschreibt Resilienz die Fähigkeit, psychisch gesund zu bleiben oder wieder in eine gesunde Balance zurückzufinden, selbst wenn das Leben uns mit schwierigen Erfahrungen konfrontiert. Sie ist eng verknüpft mit den Lern- und Anpassungsprozessen unseres Gehirns.

> Ein resilienter Mensch hat kein perfektes Leben und auch kein stressfreies Nervensystem. Vielmehr verfügt er über ein flexibles, anpassungsfähiges System, das auf Herausforderungen nicht mit Überforderung, sondern mit innerer Beweglichkeit reagieren kann.

Natürlich spielen auch genetische Voraussetzungen eine Rolle – aber, und das ist die gute Nachricht, unsere Erfahrungen prägen weit mehr als unsere Veranlagung. Denn unser Gehirn bleibt ein Leben lang formbar. In Momenten der Belastung, aber auch in Phasen gelingender Verarbeitung, verändern sich die Strukturen unseres Nervensystems. Die Amygdala, unser Gefahrenwächter, lernt, differenzierter zu reagieren. Der präfrontale Kortex, zuständig für bewusste Steuerung, wächst mit seinen Aufgaben. Was das bedeutet? Dass Resilienz kein Zustand ist, den man entweder hat oder nicht hat, sondern ein lebendiger Prozess. Etwas, das wachsen darf, mit jeder Erfahrung, mit jeder bewussten Entscheidung, dich nicht selbst zu verlassen, auch wenn dein Innerstes nach Rückzug schreit. Sicherheit – echte, verkörperte Sicherheit – entsteht nicht durch denken allein. Sie entsteht durch Erleben. Durch Wiederholung. Durch Beziehung. Sie beginnt nicht in uns, sondern meist im Kontakt mit einem Gegenüber.

Ein reguliertes Nervensystem entwickelt sich nicht im Alleingang, sondern durch Co-Regulation. Durch Menschen, die präsent sind. Menschen, die bleiben, ohne zu bewerten. Durch eine ruhige Stimme, eine liebevolle Berührung, einen Blick, der dich wirklich sieht. All diese kleinen Momente wirken tief in unser autonomes Nervensystem hinein. Sie geben das Signal: Du bist sicher. Du bist gehalten. Und je öfter wir solche Erfahrungen machen durften, desto mehr verankert sich in unserem Inneren ein Gefühl von Sicherheit. Erst durch diese äußere Regulation entsteht überhaupt die Fähigkeit zur Selbstregulation. Co-Regulation ist keine Schwäche, kein Zeichen von Abhängigkeit. Sie ist das Fundament, auf dem unsere Fähigkeit wächst, uns selbst zu beruhigen, uns selbst Halt zu geben. Und genau aus dieser wiederholten Erfahrung heraus entsteht irgendwann dieser kostbare innere Ort, an dem du dich selbst halten kannst – nicht perfekt und nicht immer, aber immer öfter.

Ein sicheres Nervensystem bedeutet nicht Perfektion

Vielleicht glaubst du manchmal, du müsstest endlich an dem Punkt angekommen sein, an dem dich nichts mehr aus der Fassung bringt. An dem du nicht mehr getriggert wirst, nicht mehr zweifelst, nicht mehr zurückfällst. Aber das ist ein Irrtum, den viele von uns zu lange glauben. Ein sicheres Nervensystem bedeutet nicht, dass keine Trigger mehr auftauchen. Es bedeutet nicht, dass du nie wieder Angst, Wut oder Hilflosigkeit spürst. Es bedeutet vielmehr, dass du diese Empfindungen einordnen kannst. Dass du unterscheiden lernst, ob eine Situation wirklich bedrohlich ist oder nur alt. Und dass du in der Lage bist, dich in genau solchen Momenten selbst zu begleiten, statt dich zu verlieren. Ein sicheres Nervensystem erlaubt es dir, innezuhalten, zu spüren, zu sortieren, bevor du reagierst. Es lässt dich nicht automatisch handeln, sondern schenkt dir Wahlmöglichkeiten. Sicherheit heißt also nicht, dass du nicht mehr stürzt, sondern dass du weißt, wie du wieder aufstehen kannst. Dass du erkennst, was gerade geschieht, und dass du heute anders mit dir umgehen kannst als damals.

Viele Menschen verwechseln innere Sicherheit mit Kontrolle. Kontrolle jedoch entsteht oft aus Angst. Sie will verhindern, vermeiden, festhalten. Sie will nicht fühlen, sondern steuern. Sicherheit hingegen entsteht aus Verbindung. Sie ist beweglich, atmend, weich. Innere Sicherheit bedeutet, dass du auch dann bei dir bleiben kannst, wenn es in dir stürmt. Dass du fühlen darfst, ohne dich zu verlieren. Dass du präsent bleibst, selbst im Ungewissen. Und genau in diesem feinen Unterschied liegt echte Freiheit.

Dein sicherer innerer Ort

In therapeutischen Prozessen arbeiten wir oft mit dem Bild eines sicheren inneren Ortes. Sei es durch Imagination, durch Körperarbeit, durch Rituale oder durch EMDR. Es geht dabei immer um das gleiche Prinzip: einen Raum in dir zu erschaffen, der dich hält. Einen Ort, den du mit allen Sinnen erfährst. Vielleicht ein Wald, in dem du dich geborgen fühlst. Ein Strand, an dem die Wellen sanft deine Füße umspielen. Ein Zimmer voller Licht. Oder die Erinnerung an die warme Hand einer geliebten Person auf deinem Rücken. Dieser innere Ort wirkt wie ein Anker. Du kannst ihn aufsuchen, wenn dich das Leben wieder einmal überrollt. Und je öfter du ihn in dir aktivierst, desto vertrauter wird er. Desto schneller erinnert sich dein System: Ich bin nicht mehr dort. Ich bin hier. Ich bin sicher.

Resilienz wächst in Beziehung. Der Gedanke, dass wir alles allein schaffen müssen, ist ein Trugschluss, der mehr Leid als Heilung bringt. Was uns trägt, ist Verbindung. Die Beziehung zu uns selbst. Die Beziehung zu anderen. Und die Beziehung zum Leben. Die bekannte Kauai-Studie hat eindrucksvoll gezeigt, dass selbst Kinder, die unter schwierigsten Bedingungen aufgewachsen sind, psychisch gesund bleiben konnten, wenn sie wenigstens eine verlässliche Bezugsperson in ihrem Leben hatten. Wir sind soziale Wesen, ob wir wollen oder nicht. Unser Nervensystem braucht andere. Es braucht Berührung, Blickkontakt, Stimme, Nähe. Isolation macht krank. Nicht nur seelisch, sondern auch körperlich. Sie schwächt unser Immunsystem, verstärkt Ängste, fördert Entfremdung von uns selbst und von der Welt. Deshalb ist es kein Zeichen von Schwäche, dir Unterstützung zu holen. Es ist ein Zeichen von Selbstfürsorge, wenn du dir erlaubst, gehalten zu werden. Und gleichzeitig zu lernen, dich selbst zu halten.

> Resilienz ist nicht das Gegenteil von Zerbrechlichkeit. Sie ist die Fähigkeit, mit dem Zerbrechlichen zu tanzen.

Forschung bestätigt, was wir fühlen

Die Polyvagal-Theorie von Stephen Porges zeigt, wie tief unser Gefühl von Sicherheit mit unserem Nervensystem verwoben ist. Der Vagusnerv, insbesondere sein ventraler Ast, ist dabei wie ein innerer Übersetzer zwischen Körper, Emotion und Beziehung. Er beeinflusst Herzschlag, Atmung, Verdauung, unsere Fähigkeit zu Nähe, zu Kreativität, zu Regeneration. Unser System prüft über die Neurozeption fortwährend, ob wir sicher sind oder nicht. Diese Prüfung geschieht unbewusst, jenseits unseres Denkens. Je nachdem, wie unser System die Lage einschätzt, schaltet es zwischen drei Zuständen hin und her: dem Zustand der Verbundenheit und sozialen Offenheit (gesteuert durch den ventralen Vagus), dem Zustand der Aktivierung und Abwehr (über den Sympathikus – Kampf oder Flucht) und dem Zustand des Rückzugs, der Erstarrung oder Abschaltung (gesteuert über den dorsalen Vagus). Sicherheit im System – ob durch innere Ressourcen oder äußere Stabilität – aktiviert unseren ventralen Vagus. Und genau dann entsteht die Möglichkeit zu echtem Kontakt, zum Lernen, zu Entwicklung. Nur in Sicherheit können wir wachsen. Nur in Sicherheit können wir uns öffnen.

Die Forschung bestätigt also, was wir tief in uns längst spüren: Sicherheit ist der Nährboden für alles, was sich entfalten will. Die Polyvagal-Theorie zeigt, wie sehr unser Körper Beziehung braucht. Studien zum posttraumatischen Wachstum zeigen, dass Menschen nach schweren Krisen nicht nur geheilt werden, sondern auch reifen, wachsen und neue Perspektiven entwickeln können, wenn Integration gelingt. Dafür sind zentrale Schutzfaktoren wie Selbstwirksamkeit, soziale Eingebundenheit und ein Gefühl von Sinn nötig. Und auch die Embodiment-Forschung zeigt immer wieder, wie sehr unsere Körperhaltung, unsere Bewegungen, unser Atem direkt beeinflussen, wie sicher oder bedroht wir uns fühlen, unabhängig davon, was im Außen geschieht. Resilienz ist also keine starre Fähigkeit, kein Ergebnis von Disziplin oder Leistung. Sie ist ein lebendiger Prozess. Ein sich erinnerndes Nervensystem. Eine innere Haltung von Mitgefühl, Wiederholung, Bewusstheit. Sie entsteht nicht durch das Streben nach Perfektion, sondern durch das mutige Dranbleiben. Resilienz bedeutet nicht, keine Angst mehr zu haben, sondern dich auch mit der Angst an deiner Seite liebevoll weiterzubewegen. Sie bedeutet, dich selbst zu spüren, auch wenn es weh tut. Und dich selbst zu halten, auch wenn du fällst.

Und vielleicht ist genau das der Punkt, an dem du beginnst zu verstehen: Es geht nicht darum, nie mehr überflutet zu werden, sondern darum, dich in der Flut nicht zu verlieren. Die Wellen zu surfen.

SPANNENDE EINBLICKE ZUR RESILIENZ

Resilienz ist keine starre Eigenschaft, sondern ein dynamischer Prozess, der uns befähigt, trotz Herausforderungen und Stress immer wieder ins innere Gleichgewicht zurückzufinden. Neurowissenschaftliche Erkenntnisse zeigen, dass Resilienz vor allem durch wiederholte Erfahrungen von Sicherheit im Nervensystem aufgebaut wird. Dabei entsteht Sicherheit nicht durch Kontrolle, sondern durch Verbindung – die Verbindung zu uns selbst und zu anderen. Die Polyvagal-Theorie erklärt, wie unser Nervensystem zwischen unterschiedlichen Zuständen wechselt, etwa sozialer Nähe, Kampf-oder-Flucht und Erstarrung. Ein gut reguliertes, sicheres Nervensystem ermöglicht uns eine flexible und angemessene Reaktion auf Stress und Belastungen. Resilienz hängt eng mit der Plastizität unseres Gehirns zusammen – also der Fähigkeit, neuronale Netzwerke durch Erfahrungen neu zu gestalten und zu stärken. Praktiken wie Meditation, liebevolle Selbstfürsorge und soziale Unterstützung fördern genau diese Anpassungsfähigkeit. Die Forschung belegt, dass wir diese Fähigkeit unabhängig vom Alter oder von individuellen Voraussetzungen trainieren und verbessern können. So entsteht in uns ein inneres »Zuhause«, ein sicherer Ort, an dem wir uns gehalten fühlen, uns selbst in schwierigen Momenten halten können und liebevoll mit uns umgehen.

Wichtig für den Aufbau von Resilienz sind immer wiederkehrende Begegnungen von Sicherheit, etwa durch achtsames Atmen, beruhigende Berührungen oder vertrauensvolle Gespräche. Kleine, regelmäßige Handlungsschritte wirken dabei oft nachhaltiger als einmalige, große Durchbrüche. Diese Erkenntnisse geben Hoffnung und Motivation für jeden, der sich auf die Reise zu mehr Resilienz und emotionaler Freiheit begibt.

Zusammenfassung

- Resilienz ist keine Härte – sie ist gelebte Weichheit mit innerem Boden.
- Sicherheit ist kein Zustand von Abwesenheit, sondern von Beziehung.
- Du brauchst keine Trigger-Freieheit, sondern ein Nervensystem, das sich halten kann.
- Beziehung heilt. Wiederholung heilt. Zeit heilt. Und dein Mitgefühl für dich selbst heilt.

REFLEXIONSFRAGEN

- Was bedeutet *Sicherheit* für mich – und wie fühlt sie sich in meinem Körper an?
- Wann habe ich das letzte Mal gespürt: *Ich kann mich selbst beruhigen*?
- Welche Menschen, Orte oder Rituale geben mir heute inneren Halt?
- Wie reagiere ich auf Kontrollverlust – und was hilft mir stattdessen?
- Was darf heute mein nächster kleiner Schritt in Richtung Resilienz sein?

Platz für deine Gedanken

Kapitel 12
Vom Meer ins Leben – Sicherheit im Alltag pflegen

An diesem Punkt bist du nicht mehr die Person, die am Anfang dieser Reise am Ufer stand und zögerlich auf die Wellen geblickt hat. Du hast gelernt, deinem inneren Meer zuzuhören, seine Strömungen zu verstehen und dich auch in stürmischen Zeiten nicht zu verlieren. Nun liegt es an dir, diese Verbindung zu dir selbst im Alltag zu nähren – immer wieder, in kleinen Momenten, mit liebevollen Entscheidungen und dem Wissen, dass du jederzeit zu deinem inneren Strand zurückkehren kannst. Die folgenden Seiten fassen noch einmal zusammen, was deinem Nervensystem guttut und was es eher belastet – wie eine Landkarte, zu der du jederzeit greifen kannst, um dich zu orientieren, wenn die Wellen des Lebens höherschlagen.

DINGE, DIE DEIN NERVENSYSTEM MAG

Es ist wichtig, Dinge zu tun, die dein Nervensystem mag – weil dein Nervensystem die Grundlage für dein gesamtes Erleben ist. Es ist der unsichtbare Dirigent deines Alltags, deines Denkens, deines Fühlens und deines Handelns.

Und genau deshalb ist es so entscheidend, wie du dich in deinem Inneren fühlst: sicher oder bedroht, verbunden oder isoliert, überfordert oder reguliert.

Auf der nächsten Seite ist eine Liste mit liebevollen Dingen, die dein Nervensystem gerne hat. Spür auch direkt beim Lesen der Liste mal in dich rein – wie reagiert dein Körper auf die Worte, die hier stehen?

Körperliche Impulse – dein Körper als Anker

- Langsame, tiefe Atemzüge mit Betonung auf dem Ausatmen
- Wärme spüren – durch eine Wärmflasche, einen Schal, eine warme Dusche
- Barfuß auf Naturboden stehen – Erde, Gras, Holz, Sand
- Beruhigender Druck – z. B. eine schwere Decke, ein Kissen im Arm
- Summen, Brummen oder leises Singen – Vibrationen wirken direkt auf den Vagusnerv.
- Zartes Streichen über die Arme, Beine oder das Gesicht
- In einer bestimmten Haltung sitzen oder liegen, die sich sicher anfühlt
- Den eigenen Puls oder Herzschlag spüren
- Rhythmische Bewegungen – gehen, wiegen, schaukeln
- Gähnen, Seufzen, Dehnen – natürliche Entladungen zulassen
- Ein warmes Getränk langsam und bewusst trinken
- Aufrechte Körperhaltung – nicht, um zu funktionieren, sondern um dich zu spüren
- Ein Bad nehmen – mit Salz, ätherischen Ölen oder einfach in Stille
- Sanftes Stretching oder Körperrollen im Bett
- Den Körper ausklopfen oder abklopfen (z. B. Hände, Beine)
- Sich selbst umarmen und dabei ruhig atmen
- Ein Stirn-Kiefer-Nacken-Entspannungsritual am Abend

- In Watte eingepackt sein – weiche Kleidung, Kuscheldecke, Kapuze

Atem, Stimme und Rhythmus – Regulation von innen heraus

- Summen wie eine Biene (gern mit geschlossenen Lippen)
- Einen regelmäßigen Atemrhythmus üben – etwa vier Sekunden ein, sechs Sekunden aus
- In den Bauch atmen und die Hand dort ablegen
- Den Atem beim Sprechen bewusst führen – langsamer, weicher
- Tönen (z. B. ein tiefes »Oooohm« oder »Mmmm«)
- Rhythmisch mit den Fingern trommeln oder bei den Füßen wippen
- Klopfübungen (z. B. EFT oder sanftes Brustbein-Klopfen)

Natur und Umwelt – äußere Räume, die innere Räume öffnen

- Den Blick in die Ferne richten – Horizont, Himmel, Felder
- In den Wald gehen – der Geruch, die Stille, das Licht filtern Reize
- Am Wasser sein – Fluss, Bach, See, Dusche, Badewanne
- Pflanzen pflegen, Erde berühren, barfuß in der Wiese stehen
- Naturgeräusche hören – Vogelstimmen, Regen, Wind, Wellen
- Sich in der Sonne aufwärmen oder dem Regen zuhören
- Im Freien sitzen, ohne Ziel, einfach nur da sein

- Holz berühren – lebendiges, warmes Material

Mentale und emotionale Sicherheit – innere Räume schaffen

- Eine innere Sicherheitsfrage stellen: »Was brauche ich gerade wirklich?«
- Einen sicheren inneren Ort imaginieren (Wald, Raum, Licht, eine Person)
- Eine Körperstelle als Anker wählen – z. B. die Hand auf dem Herzen
- Affirmationen hören, die nicht pushen, sondern erden (z. B. »Ich bin sicher«)
- Selbstmitfühlende Sätze üben wie »Ich darf jetzt so fühlen« oder »Ich bin da für mich«
- Den Tag bewusst beenden mit der Frage: »Was war heute gut für mein System?«
- Alte Glaubenssätze hinterfragen und liebevoll umformulieren
- Sich erlauben, nichts zu tun und trotzdem wertvoll zu sein

Beziehung und Verbundenheit – Co-Regulation erleben

- In die Augen eines geliebten Menschen schauen, ohne Worte
- Von jemandem gehalten oder berührt werden (wenn es sich stimmig anfühlt)
- Eine Stimme hören, die vertraut und beruhigend wirkt
- Gemeinsam schweigen – ohne Druck, ohne Erwartungen
- Tiere streicheln, auf dem Schoß halten oder beobachten
- Mit jemandem atmen oder synchron gehen

- Mit deinen Kindern kuscheln oder mit ihnen ganz im Moment sein
- Jemandem sagen: »Ich bin überfordert« und dabei gehalten werden
- Gespräche, in denen du dich gesehen fühlst – ohne dich erklären zu müssen
- Sich bei jemandem bedanken – verbal oder in Gedanken
- Zugehörigkeit spüren – z. B. durch ein Ritual, eine Community, einen Satz wie »Ich darf dazugehören«

Kreatives, Sinnliches und Alltagsmagie – regulierende Tätigkeiten

- Mit den Händen etwas erschaffen – kochen, kneten, malen, basteln
- Musik hören, die dich in einen ruhigen Zustand bringt
- Einen Duftanker setzen – z. B. Lavendel, Rose, Zimt, Vanille
- Mit Ton oder Naturmaterialien arbeiten – Erde, Holz, Wasser
- Schreiben – Gedanken, Dankbarkeit, freies Schreiben
- Eine Kerze anzünden und sie ganz bewusst beobachten
- Fotos von sicheren Momenten ansehen
- Geschichten hören oder lesen, die Halt geben
- Alte, schöne Dinge berühren – Stoffe, Bücher, Erinnerungsstücke
- Etwas sortieren – Bücher, eine Lade, den Küchenschrank
- Einen kleinen Moment der Schönheit wahrnehmen – einen Sonnenstrahl, ein Lächeln, einen Geruch
- Etwas Langsames tun, das keine Effizienz verlangt
- Die Uhr weglegen und dich an deinem inneren Tempo orientieren

Wenn dein Nervensystem in einem Zustand der Sicherheit ist – also im sogenannten *ventral-vagalen Zustand* –, dann bist du ansprechbar, präsent, kreativ, einfühlsam, klar. Du kannst dich selbst spüren, auf andere eingehen, deine Gefühle regulieren und gesunde Entscheidungen treffen. Du bist im Kontakt mit dir – und dadurch auch mit der Welt.

Doch wenn dein Nervensystem dauerhaft unter Stress steht, schaltet es in Schutzprogramme. Es geht dann nicht mehr um Verbindung, sondern nur noch ums Überleben. Du wirst gereizt, ängstlich, traurig oder völlig taub. Deine Gedanken rasen oder du fühlst dich innerlich leer. Du kannst nicht mehr frei reagieren, sondern funktionierst nur noch – oft automatisch, oft hart gegen dich selbst, oft weit weg von dem, was du eigentlich brauchst.

Dinge zu tun, die dein Nervensystem mag, bedeutet also, bewusst gegenzusteuern. Nicht mit Druck, sondern mit Fürsorge. Du signalisierst dir selbst: Ich bin sicher. Ich darf sein. Ich muss gerade nichts leisten, nur atmen. Diese kleinen, scheinbar unspektakulären Handlungen – wie summen, barfuß im Gras stehen, eine Tasse Tee halten, eine vertraute Stimme hören – sind wie innere Wegweiser zurück zu dir. Sie regulieren dein System nicht, weil sie besonders spektakulär sind, sondern weil sie Wiederholung, Rhythmus, Einfachheit und Sicherheit schenken. Genau das, was ein überreiztes oder verletztes Nervensystem braucht, um sich zu beruhigen.

Wenn du regelmäßig Dinge tust, die dein Nervensystem mag, entsteht langsam ein neues inneres Klima. Eines, das nicht auf Funktionieren, sondern auf Verbindung basiert. Du lernst, dich früher wahrzunehmen, dich in Trigger-Momenten selbst zu halten, gesünder zu reagieren und wieder in Beziehung zu gehen – mit dir, mit anderen, mit dem Leben. Heilung geschieht nicht im Kopf. Heilung geschieht im Körper – durch Erfahrung. Und genau deshalb ist es so wichtig, deinem Nervensystem diese Erfahrungen wieder und wieder zu schenken. Nicht, weil du »besser« werden musst. Sondern weil du es verdienst, dich sicher zu fühlen. In dir. Mit dir. Und in dieser Welt. Denn genauso wichtig wie das bewusste Kultivieren von Sicherheit ist das Erkennen und Benennen von dem, was dein Nervensystem überfordert. Nicht, um dich dafür zu verurteilen, wenn du damit konfrontiert bist, sondern um wach und mitfühlend zu verstehen, woher innere Unruhe, Gereiztheit oder Rückzugsmuster kommen .

Auf der nächsten Seite ist eine Liste mit Dingen, die dein Nervensystem nicht mag – also Reize, Situationen und Dynamiken, die dein System eher in einen Schutzmodus bringen (Kampf, Flucht, Erstarrung oder Überanpassung) und es daran hindern, in Verbindung und Regulation zu bleiben.

DINGE, DIE DEIN NERVENSYSTEM NICHT MAG

Reizüberflutung und Sinnesstress

- Laute, plötzliche Geräusche (z. B. Sirenen, knallende Türen, schreiende Stimmen)
- Helles, flackerndes oder künstliches Licht
- Viele Reize gleichzeitig – z. B. Menschenmengen, Lärm und viele Eindrücke auf einmal
- Multitasking über längere Zeit
- Ständiges Online-Sein und permanenter Nachrichtenkonsum
- Scrollen durch Social Media ohne Pause
- Reizüberflutete Räume – grelles Licht, grelle Farben, viele Geräusche
- Dauerhafte ntergrundbeschallung – Musik, Fernseher, Podcasts, Stimmen
- Hektik und ständiges Gehetztsein – besonders am Morgen

Unsicherheit und emotionale Alarmzustände

- Unklare oder doppeldeutige Kommunikation
- Unvorhersehbare Reaktionen anderer Menschen
- Druckvolle oder manipulative Gesprächssituationen
- Plötzliche Vorwürfe oder emotionale Kälte
- Das Gefühl, ständig etwas falsch zu machen oder nicht zu genügen
- Andauernde Konflikte ohne Lösung
- Nicht gesehen oder nicht gehört werden
- Ignoriert oder abgewertet werden
- Kritik ohne Verbindung oder Mitgefühl
- Ablehnung, Liebesentzug oder Ausgrenzung

Dysregulierende Gedankenmuster

- Grübeln, ständiges Gedankenkreisen, Worst-Case-Szenarien
- Perfektionismus und ständiger innerer Druck
- Überhöhte Selbstansprüche (»Ich müsste ...«, »Ich sollte doch ...«)
- Innere Antreiber wie »Reiß dich zusammen« oder »Stell dich nicht so an«
- Vergleich mit anderen – besonders in schwachen Momenten
- Schuld- oder Schamgefühle ohne Verarbeitung
- Das Gefühl, immer stark oder funktional sein zu müssen
- Überidentifikation mit Gedanken – statt sie zu beobachten

Dauerhafte Überforderung im Alltag

- Keine echten Pausen im Tagesablauf
- Immer erreichbar sein müssen
- To-do-Listen ohne Ende
- Zu wenig Schlaf oder unregelmäßiger Schlafrhythmus
- Unterdrückte Gefühle, die keinen Ausdruck finden
- Dauerhafte Verantwortung für andere – ohne Unterstützung
- Ständiges Geben, ohne zu empfangen
- Überhört werden – besonders in Kindheit oder Partnerschaft
- Allein mit emotionalem Schmerz zu bleiben

Körperliche und energetische Signale, die übergangen werden

- Hunger ignorieren oder dauerhaft unterdrücken

- Harndrang oder andere körperliche Signale nicht beachten
- Frieren oder Überhitzung, ohne für Ausgleich zu sorgen
- Überanstrengung beim Sport – jenseits gesunder Grenzen
- Koffein, Zucker oder Alkohol bei bereits gereiztem System
- Keine Bewegung über Stunden – besonders bei Anspannung
- Den eigenen Atem nicht spüren
- Sich selbst nicht berühren oder beruhigen können
- Ignorieren, wenn der Körper eigentlich »Stopp« sagt

Fehlende Verbindung und emotionale Kälte

- Ständige Selbstkritik oder Härte gegen sich selbst
- Emotionaler Rückzug im nahen Umfeld
- Keine echten Gespräche oder Verbindung im Alltag
- Oberflächliche Interaktion ohne Tiefe oder Berührbarkeit
- Funktionieren statt fühlen
- Isolation – besonders, wenn du dich innerlich überfordert fühlst
- Das Gefühl, allein alles tragen zu müssen
- Keine sicheren Beziehungen, in denen du dich fallenlassen kannst

Diese Punkte müssen nicht um jeden Preis gemieden werden – sie helfen dir, zu verstehen, warum dein System manchmal in Alarm geht. Sie zeigen dir keine Fehler auf, sondern Zusammenhänge. Denn die Dinge, die dein Nervensystem nicht mag, führen nicht automatisch zu Dysregulation, aber sie sind Hinweise. Hinweise darauf, an welchen Stellen dein System vielleicht besonders feinfühlig, besonders wach oder besonders verletzlich ist. Und Hinweise darauf, wo du in deinem Alltag unbemerkt in einen inneren Alarmzustand rutschst, ohne zu wissen, warum. Wenn du beginnst, diese Situationen zu erkennen, kannst du liebevoller mit dir werden. Du kannst Zusammenhänge zwischen Reiz und Reaktion besser verstehen. Du kannst mit der Frage leben: Was davon kann ich heute vermeiden? Und bei dem, was nicht vermeidbar ist, kannst du Strategien entwickeln, die dich halten. Vielleicht bedeutet das, nach einem lauten Tag in Stille zu essen. Oder dir nach einem überfordernden Gespräch eine Minute Zeit zu nehmen, um deine Füße auf dem Boden zu spüren. Vielleicht heißt es auch, einem inneren Satz wie »Ich müsste mich nicht so anstellen« liebevoll zu widersprechen und zu sagen: Doch, ich darf so fühlen. Mein Körper reagiert, weil er mich schützen will.

Dein Nervensystem wird nie perfekt »funktionieren«. Es will nicht perfekt sein. Es will sicher sein. Und Sicherheit entsteht, wenn du erkennst, was dich stresst – und gleichzeitig weißt, wie du dich begleiten kannst, wenn es so weit ist. Also lies diese Liste nicht als weitere To-do-Liste für Selbstoptimierung. Lies sie wie eine kleine Landkarte, die dir hilft, zu erkennen, wo deine inneren Grenzen verlaufen. Und frage dich immer wieder: Was davon kann ich mir heute erleichtern? Was davon kann ich mir verzeihen? Und wie kann ich in genau diesem Zustand bei mir selbst bleiben, ohne mich zu übergehen?

REFLEXIONSFRAGEN

- In welchen Momenten im Alltag spüre ich, dass mein Nervensystem sich sicher und verbunden fühlt?
- Welche kleinen Dinge tun mir besonders gut – körperlich, emotional, in Beziehungen?
- Welche Situationen oder Reize bringen mich am häufigsten aus der Balance? (z. B. Lärm, Streit, Multitasking, innere Antreiber)
- Wie reagiere ich bisher auf diese Stressmomente – mit Rückzug, Anspannung, Funktionieren?
- Welche liebevollen Strategien möchte ich stattdessen ausprobieren, um mir selbst Sicherheit zu schenken?

DAS KANNST DU JETZT TUN

- **Finde deinen Bereich:** Nimm dir heute einen Moment und spüre, in welchem Nervensystemzustand du gerade bist – eher angespannt, überdreht, ruhig oder erschöpft?
- **Wähle bewusst:** Suche dir aus den Listen eine kleine Handlung aus, die *jetzt* für dich möglich ist. Achte darauf, dass es etwas Einfaches ist – ein Atemzug, ein Glas Wasser, ein Moment in der Sonne.
- **Beobachte die Wirkung:** Nimm dir zwei Minuten Zeit und spüre, wie dein Körper reagiert. Wird der Atem tiefer, die Schultern weicher, der Kopf klarer?
- **Kleine Rituale einbauen:** Überlege dir ein bis zwei Dinge, die du in deinen Alltag integrieren möchtest – nicht als Pflicht, sondern als Erinnerung, dass dein Nervensystem immer wieder kleine Dosen von Sicherheit braucht.

Erinnere dich: Sicherheit entsteht nicht durch Perfektion, sondern durch Wiederholung. Jeder kleine Moment, in dem du dich regulierst, hinterlässt eine Spur – eine Erinnerung in deinem Körper, dass du zurückfinden kannst, egal wie hoch die Wellen gerade schlagen.

Vielleicht hast du beim Lesen schon gespürt, dass es eine fast unendliche Vielfalt an Möglichkeiten gibt, dein Nervensystem zu beruhigen, zu nähren und zu stärken. Und doch ist es oft genau in den Momenten, in denen wir es am meisten brauchen, am schwersten, uns daran zu erinnern. Wir sind überreizt, erschöpft oder wie abgeschnitten und die Frage »Was hilft mir jetzt?« fühlt sich dann viel zu groß an.

Genau dafür habe ich ein begleitendes Kartenset entwickelt. Es ist wie ein kleiner Alltagskompass, der dich daran erinnert, innezuhalten, zu spüren, wo du gerade stehst, und dir eine konkrete Hilfe an die Hand gibt. Statt lange nachdenken zu müssen, kannst du einfach eine Karte ziehen und wirst sanft daran erinnert, was deinem Körper und deinem Nervensystem in diesem Moment guttut.

DEIN KARTENSET ALS BEGLEITER IM ALLTAG

Das Kartenset ist wie ein tägliches Ritual. Nimm dir einen Moment Zeit, halte inne und spüre: Wo bin ich gerade? Ziehe eine Karte und nimm den Impuls an, den sie dir gibt.

Es geht nicht darum, »richtig« zu wählen oder die perfekte Übung zu machen. Es geht darum, dich selbst zu sehen, deine Spannung ernst zu nehmen und dir einen kleinen, konkreten Schritt zu schenken. Vielleicht ist es ein Atemzug, ein kurzer Gang ins Freie, ein Moment, in dem du deine Hand auf dein Herz legst. Diese scheinbar kleinen Gesten haben die Kraft, dein Nervensystem zu erinnern: Ich bin sicher. Ich bin handlungsfähig. Ich darf entspannen.

Das Kartenset ist kein starres Programm, sondern ein lebendiges Werkzeug. Du kannst es morgens als Start in den Tag nutzen, zwischendurch bei Überforderung oder abends, um den Tag bewusst abzuschließen. Es ist wie ein liebevoller Reminder, dass du nicht ausgeliefert bist, sondern in jedem Moment kleine Wege zur Regulation gehen kannst.

Das Ziel ist nicht, immer im grünen Bereich zu bleiben. Das Ziel ist, flexibel zu werden – dein Nervensystem wieder als beweglich und anpassungsfähig zu erleben. Die Karten sind deine Unterstützung dabei, immer wieder in diese Balance zurückzufinden.

MEIN ANLIEGEN AN DICH

Bevor du jetzt denkst, dass du all die Punkte aus diesem Buch perfekt umsetzen musst, gibt es noch etwas, das ich dir sagen möchte. Fast schon sagen muss. Bitte hör auf, dich ständig selbst verbessern zu wollen. Auch das ist Stress für dein System. Auch das kann dich in einen inneren Alarmzustand bringen. Dein Nervensystem braucht keine perfekte Version von dir, es braucht dich, so wie du bist. Unvollkommen, atmend, fühlend, lebendig.

Ich weiß, wie verlockend es ist, auch dieses Buch in eine Art »Selbstoptimierungsplan« zu verwandeln. Vielleicht hast du während des Lesens schon begonnen, dir innerlich Listen zu machen: »Das muss ich noch üben. Das sollte ich ändern. Das muss ich ab jetzt jeden Tag machen.« Aber genau das ist nicht die Absicht dieses Buches. Denn dieser ständige Drang, »besser« zu werden, immer noch ein bisschen funktionaler, disziplinierter, gelassener, leistungsfähiger – er ist selbst ein Symptom eines überforderten Nervensystems.

Selbstoptimierung ist oft nichts anderes als ein stiller Funktionsmodus im schicken Gewand. Ein innerer Antreiber, der uns glauben lässt, dass wir erst dann liebenswert, sicher oder »genug« sind, wenn wir uns optimiert haben. Vielleicht erkennst du hier die Stimme deines inneren Kindes, das damals gelernt hat: »So wie ich bin, reicht es nicht.« Es ist derselbe Anteil in dir, der heute noch denkt: »Wenn ich nur ein bisschen besser wäre, dann würde ich dazugehören. Dann würde ich mich sicher fühlen.« Und ich möchte dir sagen: Das musst du nicht mehr glauben. Nicht hier. Nicht jetzt. Nicht mit mir.

Dieses Buch sollte niemals der Startschuss für noch mehr Druck werden. Es sollte ein Surfbrett sein, nicht ein Hamsterrad. Es geht nicht darum, jede Welle perfekt zu reiten. Es geht darum, dir zu erlauben, auch mal am Ufer zu sitzen. Das Meer zu betrachten. Einfach nur da zu sein. Du bist nicht hier, um dich in eine neue, optimierte Version von dir zu verwandeln. Du bist hier, um dich wieder zu spüren. Um dein Nervensystem sanft daran zu erinnern, wie es sich anfühlt, sicher zu sein. Um deinem inneren Kind zu zeigen, dass es nicht mehr um Leistung oder Anpassung geht, sondern um Nähe, um Verbindung, um Dasein.

Und vielleicht ist genau das der wahre Sinn dieser Reise: nicht noch eine weitere Technik zu lernen, nicht noch ein weiteres Ziel zu setzen, nicht noch eine weitere Version von dir zu erschaffen, die angeblich besser, ruhiger, stärker ist – sondern heimzukommen. Zu spüren, dass du jetzt schon vollständig bist, auch wenn nicht alles »fertig« ist. Auch wenn Wellen manchmal höher schlagen, als du es dir wünschst. Auch wenn du nicht jeden Tag in der Balance bist.

Denn dein Wert liegt nicht darin begründet, wie gut du dich regulieren kannst, sondern darin, dass du da bist. Dass du dich traust zu fühlen. Dass du die Hand nach dir selbst ausstreckst, auch an den Tagen, an denen es stürmt. Vielleicht wirst du nach diesem Buch ein paar Dinge bewusst anders machen. Vielleicht wirst du manche Kapitel immer wieder lesen. Vielleicht wirst du aber auch einfach nur ein kleines bisschen liebevoller auf dich schauen, wenn du merkst, dass du in alte Muster rutschst. Und genau das reicht.

Also lass uns dieses Buch nicht mit einem Plan beenden, sondern mit einem Versprechen.

Einem Versprechen an dich selbst, dass du dir immer wieder erlaubst, nicht perfekt zu sein. Dass du dich nicht antreibst, sondern einlädst. Dass du dir Raum gibst, anstatt dich zu drängen. Manchmal bedeutet Wachstum nicht, mehr zu tun, sondern weniger zu müssen. Manchmal bedeutet Heilung nicht, alles zu reparieren, sondern anzuerkennen, dass nicht alles repariert werden muss. Und manchmal ist das Mutigste, was du tun kannst, einfach stehenzubleiben, die Augen zu schließen und zu spüren, wie die Wellen unter dir dich tragen, selbst dann, wenn du gerade nicht paddelst.

Denn du bist schon im Meer.

Du bist schon mittendrin.

Und vielleicht ist genau jetzt der Moment, wieder wie ein Kind ins Wasser zu rennen, zu lachen, zu planschen, die Wellen zu umarmen, dich vom Salz auf deiner Haut kitzeln zu lassen und zu spüren, wie jede Welle ein Stück Freiheit auf deiner Haut hinterlässt.

Platz für deine Gedanken

Platz für deine Gedanken

Epilog

Stell dir vor, du stehst am Strand. Hinter dir das Land, vor dir das Meer.

An manchen Tagen tragen dich die Wellen sanft. An anderen fordern sie dich heraus. Doch egal, wie das Wasser sich bewegt – du weißt jetzt, wie du dich darin orientierst. Dein inneres Meer gehört dir. Und du kannst immer wieder zu deinem Strand zurückkehren.

Du hast gelernt, dich selbst zu fühlen und dich selbst zu halten. Du bist nicht mehr abhängig davon, dass jemand deine Gefühle errät oder dich »auffängt«, wenn du fällst. Weil du innerlich eine neue Beziehung zu dir aufgebaut hast. Eine, die nicht auf Leistung oder Perfektion beruht, sondern auf Mitgefühl, Präsenz und Ehrlichkeit. Und ja, das ist nicht immer angenehm. Manchmal ist es sogar schmerzhaft, die eigene Verletzlichkeit wirklich zuzulassen. Aber es ist ehrlich. Und echt. Und genau das ist es, was du dir so lange gewünscht hast: keine Rolle mehr spielen zu müssen, kein Pokerface mehr zu tragen, nicht mehr stark tun zu müssen, wenn es dir in Wahrheit anders geht.

Du bist nicht falsch, wenn du emotional bist. Du bist nicht kompliziert, nicht überempfindlich, nicht zu viel. Du bist lebendig. Du bist echt. Und gerade, weil du fühlst, spürst du das Leben. Emotionale Tiefe ist kein Makel – sie ist ein Geschenk. Sie macht dich empfänglich für Verbindung, für Kreativität, für Liebe. Und je mehr du dich traust, diese Tiefe zu zeigen, desto mehr wirst du erleben, wie sich auch im Außen etwas verändert: Die Menschen um dich herum beginnen, dich anders zu sehen. Du ziehst Menschen an, die dich nicht für deine Gefühle abwerten, sondern sie halten können – weil du sie selbst hältst.

Emotionale Kompetenz bedeutet nicht, dass du nie mehr überreagierst. Es bedeutet nicht, dass du immer alles im Griff hast. Sondern dass du dich kennst. Dass du benennen kannst, was in dir vorgeht. Dass du weißt: Ich bin gerade traurig, weil ... oder: Ich bin wütend, weil da eine Grenze überschritten wurde. Emotionale Kompetenz heißt: Ich kann fühlen. Ich kann ausdrücken. Ich kann handeln. Und ich kann mich wieder in die Balance bringen.

Du regulierst dich nicht, um zu funktionieren. Du regulierst dich, um du selbst zu sein. Du sprichst über das, was du fühlst – nicht, weil du schwach bist, sondern weil du stark genug bist, dir selbst zu begegnen. Du bleibst in Verbindung – mit dir und mit anderen. Auch wenn es unangenehm ist. Auch wenn du nicht weißt, wie das Gespräch ausgeht. Du gehst in den Kontakt, weil du verstanden hast: Beziehung beginnt da, wo zwei Nervensysteme sich berühren, und nicht da, wo sich zwei Menschen perfekt kontrollieren.

Und so darfst du heute etwas spüren, das du vielleicht lange nicht gefühlt hast: Stolz. Stolz darauf, was du gelernt hast. Wie du dich veränderst. Wie du dich selbst ernst nimmst. Und wie du beginnst, dich selbst nicht mehr zu verlassen.

Das Meer gehört dir. Und du hast gelernt, darin zu schwimmen.

Danksagung

Auch in diesem Buch möchte ich es nicht missen, meinen Dank an die Personen auszusprechen, die mich bei dieser Reise unterstützt haben. Sei es, indem sie mich dabei ermutigt haben, ein zweites Buch zu schreiben, indem sie sich um meine Tochter gekümmert haben, damit ich mich auf den Schreibprozess fokussieren kann, oder einfach nur, indem sie da waren.

In allererster Linie gilt mein Dank meinen Mann. Ich kann es nicht oft genug betonen; ohne dich könnte ich hier nicht stehen und es wäre mir nicht möglich, mein zweites Buch in den Händen zu halten. Meine Liebe zu dir ist unbeschreiblich. Du heilst Wunden, die du nicht verursacht hast, und dafür werde ich dir für immer dankbar sein.

Danke auch an meine Tochter, E. Du bist der Grund, warum ich so viel an mir und mit anderen arbeite, du bist meine Inspiration und der Antrieb meiner Arbeit. Und ganz abgesehen davon, heilst du mich und mein inneres Kind mit deiner ehrlichen, offenen, liebevollen Art. Ich lerne von dir so unendlich viel. Ich bin unendlich dankbar, deine Mama sein zu dürfen.

Danke an meine engsten Freundinnen. Egal ob nächtliche Sprachmemos der Verzweiflung oder ehrliche Gespräche, die bei diesem Buch auch ganz viel beigetragen haben. Freundinnen wie euch zu haben, bedeutet, unendliches Glück mit sich zu tragen. Auch ihr heilt Wunden, die ihr nicht verursacht habt, und auch euch werde ich ewig dankbar sein.

Danke an Larissa. Du weißt wofür.

Und natürlich zu guter Letzt danke an DICH – liebe:r Leser:in. Danke, dass du dich für dieses Buch entschieden hast und somit die Welt ein Stückchen besser machst. Danke für deine Unterstützung meiner Arbeit. Danke für dein Sein.

In Liebe, Eure Betty

Studien und Quellen

Quirin et al. (2024): »Heart rate variability and psychological health: The key role of trait emotional awareness« (Acta Psychologica)

Bornemann (2017): Dissertation zur Rolle der Interozeption und Körperwahrnehmung im ReSource-Projekt5

Damásio, A.: Neurowissenschaftliche Studien zur bewussten Emotionswahrnehmung

Sadler-Smith & Shefy (2007), Zeuch (2010), Nielsen & Kaszniak (2006): Studien zu Meditation, Körperwahrnehmung und emotionaler Klarheit

Über die Autorin

Betty Ebner, geboren 1998, beschäftigt sich seit über fünf Jahren mit Persönlichkeitsentwicklung, Mindset und Innerer-Kind-Arbeit. Was aus Eigeninteresse begann, hat sie mittlerweile zum Beruf gemacht. Über Social Media erreicht sie tausende junge Erwachsene und hilft ihnen dabei, ein glückliche(re)s und emotional unabhängiges Leben zu führen. Sie gibt Online-Kurse und arbeitet erfolgreich als Coach. Betty Ebner lebt mit ihrem Mann und ihrer kleinen Tochter in Kärnten.

Liebe*r Leser*in,
wir hoffen sehr, dir hat das Buch gefallen, und würden uns freuen, wenn du eine Rezension bei deinem Lieblings-Onlinehändler schreibst.
Hast du Fragen, Wünsche oder Anregungen?
Dann schreibe gerne an: yuna@penguinrandomhouse.de.

Viele Grüße
YUNA

www.yuna-publishing.de

Hallo du
wunderschöne Seele!

ISBN 978-3-517-30340-6
€ 14,00

Impressum

1. Auflage
Originalausgabe

produktsicherheit@penguinrandomhouse.de
(Vorstehende Angaben sind zugleich Pflichtinformationen nach GPSR.)
Covergestaltung: Jürgen Kiermeier, YUNA,
Bildnachweis: AbdobeStock: Artellia
unter Verwendung eines Motivs von AdobeStock: black art
Redaktion: Joscha Fralisch
Layout/Satz: Jürgen Kiermeier, YUNA
Druck und Bindung: CPI books GmbH, Leck

MIX
Papier | Fördert gute Waldnutzung
FSC® C083411

Printed in the EU
Penguin Random House Verlagsgruppe FSC® N001967
ISBN 978-3-517-30364-2